더 많이
사랑한다
말해 줄 걸 그랬다

더 많이 사랑한다 말해 줄 걸 그랬다

초판 1쇄 발행 2025년 3월 17일

지은이 한혜령
펴낸이 장길수
펴낸곳 지식과감성#
출판등록 제2012-000081호

교정 김나현
디자인 오정은, 김희영
편집 오정은
검수 이주연, 정윤솔
마케팅 김윤길

주소 서울시 금천구 벚꽃로298 대룡포스트타워6차 1212호
전화 070-4651-3730~4
팩스 070-4325-7006
이메일 ksbookup@naver.com
홈페이지 www.knsbookup.com

ISBN 979-11-392-2467-2(03810)
값 9,000원

• 이 책의 판권은 지은이에게 있습니다.
• 이 책 내용의 전부 또는 일부를 재사용하려면 반드시 지은이의 서면 동의를 받아야 합니다.
• 잘못된 책은 구입하신 곳에서 바꾸어 드립니다.

지식과감성#
홈페이지 바로가기

사람 좋아하고 시끌벅적한 걸 좋아하셨던 아버지께

더 많이 사랑한다 말해 줄 걸 그랬다

한혜령 지음

── 목차 ──

프롤로그 ·················· 6

1. 외래

아버님, 큰 병원에 가 보셔야겠습니다 ············ 10
첫 외래 방문 ·················· 16
혈액암을 진단받다 ················ 19
수혈만이 살길이다 ················ 22
외래 항암의 시작 ················ 25
조혈모세포 이식 준비합시다 ············ 30
들어가면 죽어서 나올 것 같습니다 ·········· 34
어쩌면 좋아지지 않을까? ············· 39

2. 병실 입원

빼빼로데이의 비극 ················ 44
응급실에서 병실 입원까지 ············· 51
반복되는 열, 반복되는 불면 ············ 55
아버지의 염원 ·················· 60
보호 격리를 하게 되다 ·············· 65
몸이 적응하고 있습니다 ············· 69

3. 중환자실 입실

첫 입실, 첫 면회 · 74
의료진의 시각 vs 딸의 시각 · 88
마음의 준비를 하셔야 합니다 · 93
의사와의 면담 · 97
갑작스러운 부정맥의 발발 · 104
장기전이 되리라는 기대 · 110
양토실실(兩兎悉失) · 115
아버님이 위독하십니다 · 122
오뚝이, 휴식을 위해 하늘의 별이 되다 · · · · · · · · · · · · · · · · 126

4. 남은 가족들 이야기

베풀기를 좋아하셨던 아버지의 장례식 · · · · · · · · · · · · · · · · 134
별세 후, 우리들이 꾼 꿈 · 138
납골당 방문기 · 144

에필로그 · 148

프롤로그

 어렸을 때부터 위엄 있고 무서웠던 아버지는 어느 순간 친근해졌고, 어느 순간 병을 얻었고, 이후 갑작스럽게 제 곁을 떠났습니다. 일을 하느라 자주 시간을 갖지 못했던 아버지와는 제가 대학에 들어가고 술을 마시면서 조금 더 가까워졌고, 직장에 취업하면서 어려워지지 않았으며, 첫 직장을 그만두고 두 번째 직장을 가질 때는 더욱 친해져 서로 둘도 없는 친구 사이가 되었죠.

 그런 친구 같은 아버지께서 갑작스럽게 저의 곁을 떠났을 때, 저는 의료진이라는 직업으로서, 딸이라는 입장으로서 모든 것이 혼란스러웠습니다. 의료진이 봤을 때 왜 이걸 하지 않았을까 싶은 생각도 들었지만 딸의 입장에서는 왜 제가 더 꼼꼼하게 아버지를 관찰하지 않았을까 싶은 생각이 들기 때문이죠. 각자의 입장에서 모두 이해가 되면서도 이해가 되지 않는 부분들이 참 많았습니다.
 그래서 그들이, 그리고 제 스스로가 원망스럽냐고 물어본다면 솔직히 그렇지 않습니다. 원망할 시간에 아버지와의 추억을 떠올리고 행복해하는 것이 더 좋고 행복하기에 저는 그 원망스러운 감정을 극복했습니다. 제 자신을 원망하고 또 원망한다면 아버지께서 얼마나 더 슬퍼하실까요. 저는 저의 아버지이자, 친구였던 아버지의 마음을 슬프게 하고 싶지 않습니다.

이 글을 처음 집필하게 된 것도 사랑하는 아버지를 추모하려는 목적도 있었지만 한편으로는 아버지와 비슷하거나 혹은 같은 질병을 앓는 사람이 있다면 부디 더 빠르게 대처를 하고 병원을 가서 치료를 받고 일상생활을 회복하셨으면 하는 바람도 담겨 있습니다. 저희 아버지는 이런 증상으로 앓고 괴로워하다가 결국 본인의 선택하에 빠른 이별을 했지만 이 책을 읽는 분들은 조기발견으로 빠른 일상생활을 하시기를. 주변에 이런 비슷한 상황에 놓인 사람이 있다면 적극적으로 함께하며 도움을 주기를.

하늘에서 보고 계실 아버지. 글을 쓰는 저의 모습을 참으로 좋아하시고 자랑스러워하시던 아버지. 부디 이 글도 읽으시며 편안하게 잠드시기를 바랍니다.

오늘도 제 꿈에 나와 주기를 바라며.

1.
외래

아버님, 큰 병원에 가 보셔야겠습니다

저희 아버지는 병원에 가는 것을 좋아하지 않는 사람이었습니다. 주변 사람들을 보니 병원에 가면 자꾸 병을 더 키워 오는 것 같고, 병원에 가면 나오지 못하는 것 같다며 병원 가는 것을 굉장히 꺼려하셨죠. 그런 아버지께서 병원에 꼭 가야만 하는 때가 있습니다. 그건 바로 고혈압과 고지혈증 약을 타는 날이죠. 일로 바쁜 아버지께서는 저의 잔소리를 한 번 듣고 나서야 날짜에 맞춰서 약을 타러 갔죠. 고혈압 약은 일정 기간 사용 후 중단을 한 상태였으나 고지혈증은 약을 먹지 않으면 안 되는 수치였기에 꾸준히 고지혈증 약을 타러 다니셨습니다.

어느 날은 가장 최근 검사 상의 수치와 고지혈증 약의 용량을 확인한 제가 이제는 약물을 중단할 수 있다는 생각에 아버지께 병원을 가 보도록 권했습니다. 마침 약도 다 떨어져 가고 새 약을 타야 될 때였죠. 만약 이번 피 검사상 수치가 괜찮다면 더 이상 약을 타 올 필요가 없었습니다. 약을 중단하기 위해 병원에 가서 피 검사를 해 보라는 저의 말에 아버지는 생각보다 기분이 좋았는지 빠른 시일 내에 병원을 다녀오게 되었습니다. 아직 약이 남아 있음에도 말이죠.

당시 아버지의 생활 습관을 보면 술과 담배는 지속적으로 하고 있었으나, 적어도 야식이 줄고 깨끗한 식단으로 이루어진 식사를 하기에 고지혈증 수치가 많이 낮아졌다 생각했었고, 평소에도 다른 검사 수치를 확인했을 때 큰 문제가 없었기에 대수롭지 않게 생각하고 있었습니다.

그러나, 갑작스럽게 걸려 온 연락은 놀랄 수밖에 없었습니다.

"혈액 수치에서 뭐 하나가 이상하다고 하는데."

아버지의 연락에 저는 대체 무슨 뜻인가 했죠. 고지혈증 수치가 오히려 더 올랐나? 그래서 약을 바꿔야 돼서 그런가? 온갖 생각이 다 들었고, 저는 퇴근을 하고 난 뒤 집에 와서 아버지께서 가지고 온 검사 결과지를 확인했습니다.

03.05 혈소판 수치	12.05 혈소판 수치
156,000	5,000

몇 달 만에 감소한 혈소판 수치를 바라보며 몇 번이고 제 눈을 의심했습니다. 평소에 혈소판과 관련된 병을 진단받으신 적도 없었고, 그와 비슷한 어떠한 것도 들어 본 적이 없었습니다. 검사 결과도 몇 달 사이에 갑자기 이렇게 뚝 떨어지다니. 조금의 징조도 없었던 터라 검사 결과 수치에 너무나도 당황스럽고 황당했죠. 저는 그래서 처음에 아버지께 얘기했습니다. 가끔 다른 사람과 혈액이 바뀌어 검사 결과를 잘못 받는 경우가 많다고. 그러니 이게 잘못된 것일 거라고.

저의 말에 아버지는 의사의 말에 따라 한 번 더 검사를 하자는 말에 검사를 이미 하고 왔다고 합니다. 결과는 나흘 뒤에 나온다고 했고, 그날이 토요일이었음에도 반드시 검사 결과를 확인할 수 있게 병원에 방문해 달라고 했죠. 아버지의 말씀을 듣고 저는 4일 내내 걱정은 했지만 정말 큰일이 아닐 것이라 생각했습니다. 혈액이 바뀌는 일은 흔하지는 않지만 아주 간간이 일어나기에 아버지의 경우도 그럴 것이라 자신했죠.

그러나 다가온 토요일, 받아 온 검사 결과지는 이전과 다를 바 없는 수치였습니다.

12.05 혈소판 수치	12.09 혈소판 수치
5,000	11,000

 혈액이 바뀐 것이 아니라 정말로 아버지의 혈소판 수치였던 겁니다. 아버지는 의사에게 큰 병원을 가 보라고 권유받았고, 진료의뢰서를 함께 받아 왔습니다. 검사 결과지를 거듭 확인하고 바라보아도 수치는 똑같았습니다. 검사 결과지를 보며 어떤 생각을 했는지조차 기억나지 않습니다. 그저 빠른 시일 내에 큰 병원에 가서 진단을 받아야겠다는 생각뿐이었겠지요.

 아버지의 피 검사 결과지를 서울에 있는 오빠에게 전달해 주고, 상황 설명을 해 주었죠. 오빠를 제외한 가족들은 지방에 있었기 때문에 저는 곧바로 주변에 문의를 한 뒤 지방에 있는 대학병원 3군데를 예약했습니다. 그리고 오빠는 동시에 서울에 가능한 대학병원 1군데를 예약했죠. 그러면서 고민을 했습니다. 지방에서 태어나 평생 그곳을 벗어난 적 없는 아버지께서 서울과 지방을 오가며 외래를 다니는 것이 과연 옳은 것일까? 혹은 그럼에도 큰 병일 수 있으니 서울에 가서 제대로 된 진단을 받아 보는 것이 맞지 않는가? 예약을 해 놓고도 여러 가지 고민을 하며 아버지를 포함한 가족들은 모두 고민을 했죠. 저 역시도 의료인으로서 주변에 상의를 하며 고민을 했습니다.

그러던 중, 가장 빠른 예약 날짜가 다가오고 있던 때 필요한 서류들을 알기 위해 아버지에게 예약 문자가 왔느냐고 물었지만 아버지의 반응은 좋지 않았습니다.

"내가 그거 예약 취소했다. 어차피 제일 큰 병원 가기로 해놓고 다른 곳은 왜 예약했어?"

저희가 있는 지방의 가장 큰 병원도 주변 사람들의 도움을 받아 예약을 해 놓았지만 대개 이러한 경우 여러 병원에 가서 여러 번 진단을 받는 것이 좋다는 말에 가능한 대로 대학병원은 모두 예약을 했었습니다. 그와 관련된 예약문자가 아버지에게 모두 도착했고, 아버지는 황당한 마음에 한 곳 외에 모두 취소를 했던 것이죠. 예약을 한 저희는 당황했지만 당시의 아버지는 혼란스러운 감정에 사로잡혀 혼자만의 시간이 필요했었습니다. 병원에 대한 이야기를 하거나 예약에 대한 이야기를 하면 곧바로 화를 내고 짜증을 냈었으니까요.

당연하게 아버지에게 시간이 필요하다는 생각을 했고 저

희 가족들은 지방과 서울 중 어디를 갈지를 또다시 고민했습니다. 보통 큰 병은 서울에 가도록 많이들 이야기했지만, 단순하게 한두 번의 외래 방문으로 끝날 일이 아니었기에 아버지의 상태와 경비, 그리고 아버지의 주변 환경 모두를 고려해야만 했죠. 서울에 가면 확실히 치료 도구들도 다르고 더 많은 환자를 봐 왔기에 더 나은 치료를 받을 수 있을 것만 같았지만 반대로 매번 외래마다 서울을 오가는 것도 힘이 들 것이라 생각했습니다.

여러 번, 몇 날 며칠을 고민하고 이야기한 결과 아버지의 뜻에 따라 저희들은 지방에 있는 가장 큰 대학병원으로 가기로 했죠. 외래 날짜는 정확하게 12월 19일. 손꼽아 기다리던 그날을 기다릴 수밖에 없었던 저희 가족들은 매 순간을 전전긍긍하며 지냈던 기억뿐입니다.

첫 외래 방문

가족끼리 처음 방문한 3차 병원 외래는 사람도 많고 처음이기도 해서 정신이 없었던 기억만 납니다. 매번 병원에서 일하면서 환자들에게 다음 외래 날짜를 설명해 보기만 했지 직접 외래를 방문한 적은 없었기에 더더욱 그랬죠. 게다가 일반 지역 병원이 아닌 3차 대학병원 외래를요!

외래 시간에 늦지 않게 조금 여유를 가지고 도착했지만 실제로 외래를 본 시간은 30분가량 미뤄진 시간이었습니다. 주변에서 들어 보니 이 정도 기다림은 일상이라고 하더군요. 앞으로도 기다림의 시간이 지속될 것이란 생각이 걱정이 되었지만, 부디 그럴 정도로 큰 문제가 아니길 바라는 쪽이 더 컸죠.

그렇게 대망의 첫 외래 방문 날. 아버지의 이름이 호명되자마자 우리 가족들은 의사 진료실에 노크를 하고 들어갔습니다. 매번 사진으로만 보다 처음 보게 된 주치의의 모습. 지역 병원에서 받은 피 검사 결과지와 CD를 확인하더니 가벼운 인사와 함께 먼저 꺼낸 말은 이러했습니다.

"혈액질환이 의심되는 상황으로 골수 검사를 한번 해 봐야겠습니다."

골수 검사. 혈액을 만들어 내는 골수의 조직을 검사하는 것이죠. 혈소판이 정상 범위보다 현저히 낮게 측정되었으니 혈액질환이 의심되었고, 정확한 진단을 위해 골수 검사를 시행하자고 했습니다. 오늘 당장 할 수는 없었고, 익일 오후에 와 검사를 시행해서 결과를 한번 보고 다시 외래를 보자고 했습니다. 그리고 동시에 수혈을 하지 않으면 안 되는 수치이기에 내일 골수 검사를 하기 전 오전에 와서 수혈을 하고, 오후에 골수 검사를 할 수 있도록 계획을 잡자고 했죠. 그 이야기를 들은 순간 아버지는 본인의 일이 있고 직장이 있기에 난감해했습니다. 그렇더라도 해야만 하는 치료였습니다. 난감해하는 아버지를 설득하고서는 골수 검사 및 수혈 스케줄을 잡고서 진료실을 나섰습니다.

사실 정확하게 그때의 상황이 기억이 나지 않습니다. 사람도 많고 외래는 처음인 데다가 좋지 않은 일로 갔으며 정확한 진단을 모른 상태로 위험에 노출이 되어 있는 상태였기 때문이죠. 그래서 어떻게 검사를 예약했고 동의서를 작성했고 어떤 준비를 해야 했는지 기억이 나지 않습니다. 확실한 건 아버지께서는 골수 검사를 해야만 했고, 수혈을 하지 않으면 정말 위험했다는 거죠.

외래를 다 보고 간호사 선생님의 친절한 안내에 따라 골수 검사에 필요한 준비 사항을 설명 듣고 난 뒤, 귀가를 했고 정신없었고 힘들었던 첫 외래 방문이 끝났습니다.

혈액암을 진단받다

첫 외래 이후 미리 받은 스케줄에 따라 골수 검사와 수혈을 진행했던 그다음 주 외래 방문 날이 되었습니다. 골수 검사는 조직 검사이기에 결과가 다음 외래에 나오지 않을 거라 생각했지만 나름 마음의 준비는 하고서 외래를 함께 갔죠. 다행스럽게 부모님과 함께 외래를 갈 수 있는 근무가 되었기에 부모님의 마음을 다독거리며 외래를 기다리고 있었습니다.

저번과 똑같이 이름이 호명되자마자 우리 가족들은 의사 진료실로 들어갔죠. 외래 1시간 전에 도착해 피 검사를 실시한 상태였기에 의사는 우리들을 보자마자 피 검사 수치와 지난주에 진행했던 골수 검사 결과를 확인했습니다. 수혈을 한 번 진행한 상태에서 시행한 피 검사였기에 수치가 얼마나 올랐을까 궁금해지는 그때.

"골수 검사는 아직 모든 결과가 나오지 않았지만 지금까지

나온 것 상에서는 혈액질환이 의심됩니다. 정확하게는 백혈병 전 단계라고 할 수 있죠. 아직 백혈병으로 진전된 상태는 아닙니다. 다만, 위험성은 충분히 있는 상태죠. 어제 수혈을 했음에도 혈소판 수치가 오르지 않았기에 백혈병 위험성을 무시할 수는 없습니다."

 차분하게 우리 가족들에게 설명해 주는 의사. 백혈병 전 단계라는 말을 듣고 문득 겁이 난 우리 가족들의 표정을 확인했는지 의사는 어떤 자료를 하나 인쇄를 하여 저희에게 보여 주었습니다. MDS(골수이형성증후군)이라는 질환에 대한 설명이 적힌 종이. 말 그대로 백혈병 전 단계라고 할 수 있는 골수이형성증후군은 골수 자체의 기능에 이상이 생겨 건강한 혈액세포를 충분히 만들지 못하는 여러 질환을 묶어서 이르는 말이었죠. 아직은 혈액암이 아니기에 많은 치료와 관리를 요하는 증상 중 하나였던 겁니다.
 이 질환은 기본적인 대증요법과 같은 관리를 해야 하고, 동시에 피 검사상에 특별하게 낮은 수치가 있다면 수혈로 치료를 해야 하는 병이었습니다. 즉, 매주 외래를 방문하여 피 검사를 실시한 뒤 결과에 따라 수혈을 매번 해야만 하는 상태였죠. 그렇게 하지 않으면 안 되는 병이기도 했습니다.

다행스럽게도 해당 질병은 산정특례 대상이라 주치의가 곧바로 산정특례를 작성해 주었고, 병원비의 부담을 많이 감소할 수 있었죠. 그것만으로도 어느 정도 마음의 안정은 되었습니다. 비록 주마다 외래를 방문하여 피 검사를 하고 수혈을 해야 하는 상태였지만 경제적인 부담이라도 감소한다면 어느 정도 걱정이 해소는 되었으니까요.

정확한 진단은 골수 검사에서 모든 결과가 다 나와야만 된다고 했지만 지금 나온 것만으로도 충분히 혈액질환이 의심이 되고 피 검사도 결과 수치가 오를 기미가 보이지 않으니 당분간은 매주 외래를 보며 수혈을 매주 하자는 의사의 말을 마지막으로 두 번째 외래를 마무리했습니다. 고지혈증 약을 복용하고 있었기에 빠르게 발견할 수 있었던 혈액질환. 부디 발견도 빨랐던 만큼 치료도 빨리 되길 간절히 바랐습니다.

수혈만이 살길이다

골수이형성증후군을 진단받은 이후로 매주 외래를 방문하면서 피 검사를 하고 수치에 따른 수혈을 매주 진행하게 되었습니다. 단 한 주도 빠진 적이 없었죠. 매주 아침마다 외래를 보고 오후마다 맞는 수혈은 아버지에게, 우리 모두에게 힘든 과정이었습니다.

아버지는 매번 피 검사를 위해 아침에 바늘에 찔려 피를 뽑았고 지혈을 해야만 했죠. 그리고 수혈을 하는 날에는 수혈을 위한 주삿바늘을 잡기 위해 또 찔려야 했습니다. 그리고 입원을 한 것이 아니기에 곧바로 제거를 해야만 하는 주삿바늘. 또 다음 주도 피 검사를 하고 수혈을 위해 바늘에 몇 번이고 찔려야만 하는 상황. 주사도, 피 검사도 한 번에 되면 좋지만 혈관 상태에 따라 2번 이상 찔릴 때도 있었으니 수도 없이 찔려야만 했죠. 지혈도 잘되지 않을 정도로 혈소판이 낮으니 열심히 지혈을 해도 주삿바늘이 있었던 곳에는 흔적이 남기

마련입니다. 그 모습을 보니 가족들도 그렇고 아버지 스스로도 그렇고 보기 좋은 모습은 아니었습니다. 매번 상심한 표정으로 본인의 팔을 바라보던 아버지. 그나마 아버지의 혈관 상태가 나쁘지 않아 적게 찔리는 편이라며 다독여 주었지만 큰 위로가 되지는 않았던 것 같습니다.

아버지는 매주 피검사를 하며 수혈을 했는데도 수치는 크게 오르지 않았습니다.

12.26 혈소판 수치	01.22 혈소판 수치
6,000	8,000
02.05 혈소판 수치	02.19 혈소판 수치
17,000	15,000
03.04 혈소판 수치	04.08 혈소판 수치
19,000	29,000

혈소판 수치를 보며 열심히 수혈을 하지만 오르지 않는 것은 골수 자체에 문제가 생겼기 때문이죠. 계속 혈소판을 수혈해도 그 내부에서 혈소판의 생존기한이 있기에 또 사라지면 결국에는 제자리걸음인 겁니다. 혈소판을 수혈받은 당일

은 컨디션이 좋고 큰 증상이 없다가도 외래 방문 날짜가 다가올 때면 자연스럽게 컨디션이 감소되었고 증상이 나타났습니다.

이러한 방법을 몇 주, 몇 달을 계속 반복했습니다. 오로지 수혈만이 치료법이고 수혈만이 살길이었기 때문이죠. 골수 검사상의 결과가 정확하고 완벽하게 나오기 전까지는 수혈 말고는 방법이 없었습니다. 그렇게라도 치료 방법이 있다는 것에 나름 안심을 하며 우리 가족들은 아버지의 치료에 전념했습니다.

외래 항암의 시작

 매번 외래를 시간 맞춰 방문하고, 피 검사를 하고, 수혈을 하고, 증상을 발견하는 것을 반복하기를 몇 주. 그사이 골수 검사 결과가 완벽하게 다 나왔다는 소식을 접했습니다. 의사는 한참을 검사 결과를 확인하더니 조금은 어두운 표정을 얼굴에 그렸죠. 그 이상 아무런 말도 하지 않고 검사 결과를 꼼꼼하게 확인하던 의사에 저희들은 그저 긴장 가득한 상태로 기다릴 수밖에 없었습니다. 몇 번을 검토하고 다시 확인하던 의사는 이어 저희에게 말을 했죠.

 "유전자가 너무 좋지 않습니다. TP53이라는 유전자가 있는데 이 유전자가 암세포 형성을 막아 주는 역할을 해요. 그러나 그 유전자가 악성입니다. 즉, 몸 안에 있는 암세포는 계속 형성이 되는데 그걸 막아 주는 유전자가 없으니 궁극적인 치료를 하더라도 재발할 가능성이 매우 높습니다."

의사의 차분하지만 단호한 설명에 우리 가족들은 절망을 맛봤습니다. 백혈병 전 단계라고 했고, 백혈병으로 발전 가능성은 있지만 현재 그리 되지 않은 상태이고 수혈이라는 치료를 하고 있다고 생각했지만, 결국 유전자의 문제로 악성이었던 것입니다. 의사는 뒤이어 말했습니다.

"항암 치료를 시작해야겠습니다. 암세포가 번지지 않도록 치료가 필요해요."

항암 치료를 시작하자는 의사의 말. 혈액암인 백혈병으로 진행된 병이 아니고 그 전 단계이기 때문에 항암 치료를 해야 한다는 생각을 하지 못했었죠. 수혈로 조절할 수 있는 병이라 생각했고, 백혈병으로 가지 않도록 대증치료를 하면 된다고 생각했습니다.

그러나 골수 검사 결과가 다 나왔고 유전자가 악성인 이상, 항암 치료를 하지 않을 수가 없었죠. 7일간 맞고 한 달 뒤에는 매일 피 검사를 확인한 뒤 추가로 항암 여부를 결정해야만 하는 상황에 놓인 겁니다. 시작하지 않으면 더욱 빠르게 급성 백혈병으로 진행이 된다고 하니 우리 가족들은 선택의

여지가 없었죠.

 의사 진료실을 나온 뒤, 간호사 선생님의 설명에 따라 항암 치료에 대해 설명을 듣고 동의서를 작성하고 이어서 항암 치료를 하는 환자들에게 알맞은 식이요법에 대한 교육을 들었습니다. 먹어도 되는 것과 먹어선 안 되는 음식들, 어떤 부분을 더 신경 써야 하는지 등 심층적인 교육을 듣고서는 항암 치료를 시작했습니다.

 매일 같은 시간에 와서 15분에서 30분가량 정맥주사를 통해 항암제를 맞았습니다. 항암제의 기본적인 부작용에 대해 설명을 들었고, 주삿바늘을 잡고선 투여를 시작했죠. 그날은 아무런 느낌이 없었습니다. 그 어떤 증상도 없었습니다. 오히려 항암제를 맞았지만 아무런 증상도 없이 말끔했고 특별한 것이 없었던 항암 치료 첫날.

 너무 대수롭지 않게 생각했던 것이 흠이었을까요. 처음 시작한 항암 치료를 끝낸 뒤 곧바로 집에 들러 함께 식사한 뒤 출근을 하겠다는 아버지의 말씀에 곧바로 자차를 타고 집으로 출발했습니다. 약 40분 정도가 걸리는 거리를 최대한 빠르게 달려가고 있었죠. 가는 동안에도 특별한 변화 없이 대화를 나누고 바깥 풍경을 구경하는 등 평소와 다를 바가 없었습니다.

그러나 딱 그때, 아버지는 표정이 점점 좋아지지 않더니 고속도로 갓길에 차를 주차했습니다. 아무런 말도 없었죠. 대뜸 내리자마자 도로 위로 구토를 한 차례 하는 겁니다! 아침에 먹은 것과 동시에 하얀 액체들이 가득한 토사물. 놀란 저희 가족들은 빠르게 아버지에게 다가가 상태를 살폈지만 구토를 한 번 하고 나니 속이 편안하다는 말로 저희들을 다독거렸죠.

"아까부터 갑자기 속이 안 좋았어. 토할 것 같아서 잠깐 갓길에 차를 세운 거야."

걱정스러운 마음에 아버지를 바라보던 저희들을 보며 아버지는 괜찮다는 말과 함께 말을 이으셨죠. 항암제의 일반적인 부작용인 구토와 설사에 대해 설명을 들었지만 오히려 상태가 괜찮고 아무런 증상이 없다는 생각에 너무 여유 부렸던 탓이었습니다. 휴식을 취하고 어느 정도 상태가 괜찮아졌을 때 출발을 했어야 했는데 모두들 대수롭지 않게 생각했던 것이죠. 그러다 운전하는 중, 속이 안 좋아지는 것을 파악하자마자 갓길에 주차를 했던 것이고 참을 수 없었던 구토를 해 버린 겁니다.

이러한 상황을 미리 알지 못한 저희들은 차 안에 있는 휴지와 수건, 그리고 봉지를 꺼내들어 도로 위에 뱉어 낸 토사물을 정리했죠. 아버지는 속이 편안하다곤 했지만 여전히 표정은 좋아 보이지 않았습니다. 애써 저희들을 다독거리기 위한 말뿐이었던 것 같아 보일 정도로요.

악성 유전자의 발견으로 항암 치료를 시작하지 않을 수 없었던 상황. 그리고 첫 항암과 함께 나타난 증상. 어쩐지 마음이 씁쓸해지는 날이었습니다.

조혈모세포 이식 준비합시다

처음 항암을 시작한 뒤로부터 구토가 계속되어 속을 편안하게 하는 주사를 추가하고, 3차까지 항암을 진행하며 피 검사 수치를 보던 때. 아버지의 회사 스케줄에 맞춰 외래 날짜도 조절할 수 있을 정도로 생각보다 나쁘지 않은 결과를 얻었던 시점.

어느 날 의사는 평소처럼 방문한 외래 시간에 우리 가족들을 향해 말했습니다.

"조혈모세포 이식 준비를 합시다."

조혈모세포 이식. 조혈모세포란 골수, 혈액, 탯줄에서 발견되는 특수세포로, 신체에 항상 일정한 수의 혈액세포가 존재하도록 하는 역할을 하는 세포입니다. 일정한 혈구 수를 유지하기 위해서는 항상 새로운 혈구의 공급이 필요하죠. 이것의 공급원이 되는 것이 바로 조혈모세포(Hematopoietic Stem Cell)입니다. 아버지께서는 골수에서 나오는 여러 혈구들의 생성에 이상이 생겼고, 그 이상을 치료할 수 있는 근본적인 치료가 바로 조혈모세포 이식이었습니다.

처음 진단을 받았을 때부터 수혈을 하는 동안 조혈모세포 이식에 대한 설명을 지속적으로 해 왔지만, 이식에 대한 이야기를 듣고 한참 동안 정보를 찾던 아버지는 알 수 없는 두려움으로 인해 계속 시기를 미뤄 왔죠. 무릇 이식이나 수술들은 본인의 의지가 가장 중요한 것이기 때문에 가족들도 강요를 할 수 없었습니다. 그저 좋은 부분들과 앞으로의 좋은 예후들을 설명하며 설득을 할 수밖에 없죠.

처음 조혈모세포 이식에 대한 이야기가 나왔을 당시, 아버지는 부정적이었지만 나머지 가족들은 긍정적이었기에 많은 노력과 시도를 하며 아버지를 설득했었습니다. 그러나 결국 그 설득은 받아들여지지 않았죠. 그렇게 수혈과 항암 치료를 반복하며 외래를 다니던 중, 의사가 먼저 조혈모세포 이식에 대해 다시 이야기를 꺼낸 겁니다.

상태가 더 악화되고 암세포가 더 많이 번지기 전에 빠르게 조혈모세포 이식을 진행해서 보다 더 나은 치료를 진행하자는 것이 의사의 의견이었죠. 그렇게 말함과 동시에 이식대상자에 대해 물색하기 시작했습니다. 대개 형제자매는 100% 일치이기 때문에 먼저 찾곤 하지만 아버지가 막내라 나머지 형제자매들은 나이가 많은 이유로 이식을 할 수 없는 상황이었습니다. 그래서 두 번째로 가능한 대상자는 바로 자녀들이었죠. 50%라는 반일치 이식가능자이기에 검사를 시행하여 적합 판정을 받으면 이식을 할 수 있다고 했습니다. 그러니 100% 일치하는 다른 사람이 나오기 전에 자녀인 오빠와 제가 검사를 시행하고 적합 판정을 받으면 빠르게 조혈모세포 이식을 하자는 겁니다.

조혈모세포 이식에 대한 이야기가 나오자 아버지의 표정은 점점 어두워지기 시작했습니다. 하고 싶지 않았고, 두려움에 가득 찼기에 초반에 이야기가 나왔을 당시에는 항암 치료와 수혈에 적극적으로 임하겠다고 했었는데 이제는 더 이상 미룰 수 없는 상태가 되어 버린 것이죠.

그때 이후로 조혈모세포 코디네이터 선생님과 함께 스케줄을 조정하여 오빠와 저 중 누가 가장 이식에 적합한지 검사를 시행했습니다. 반드시 같은 시간, 같은 날, 같은 장소에서 해야만 하는 검사가 있는데 오빠는 서울에 있고 저와 아버지도 직장을 다녀야 했으니 시간을 맞추기도 어려웠습니다. 아버지를 위해 연차를 내고 쉬는 날을 맞춰서 하려고 했지만 해당 검사도 정해진 요일이 있기에 시간 맞추기는 하늘의 별 따기와 같았죠.

그럼에도 어떻게든 시간을 맞춰서 검사를 시행했고, 검사 결과를 기다리며 평소와 같이 항암 치료와 수혈을 진행했습니다. 여전히 이식에 대해 부정적인 아버지를 조혈모세포 이식을 할 수 있도록 설득하고 다독거리면서 말이죠.

들어가면 죽어서 나올 것 같습니다

 조혈모세포 이식에 필요한 검사들을 진행하고, 외래를 다니던 중 조혈모세포 코디네이터 선생님에게 연락이 왔습니다. 날짜가 확정되었다는 연락이었죠. 아버지는 이식 전에 전처치를 해야 하기에 일주일 전에 입원을 하고, 전처치 후 이식을 진행해야 했습니다. 모든 검사 끝에 적합 판정을 받은 오빠는 3일 전 입원하여 똑같이 전처치 후 이식을 진행하면 되었죠. 정확하게 잡힌 날짜에 우리 가족들은 안심하며 그 기간 동안 더 철저하게 준비를 하고 식이도 조심하는 등 최선을 다하고 있었습니다.

 그러던 중, 어느 날은 아버지께서 우리 가족 모두를 불렀습니다. 아버지께서 우리들에게 하고 싶은 말이 있을 거라는 생각에 망설임 없이 아버지의 곁에 모였고, 우리 가족 모두가 모이자마자 아버지는 딱 한마디를 했습니다.

"이식을 포기하고 싶다."

그 어떠한 앞뒤 상황에 대한 설명도 없이 대뜸 이식을 포기하고 싶다고 말씀하시는 아버지. 이미 날짜는 잡았고 입원 준비도 하고 있었으며, 이식 준비를 차분히 한 단계씩 하고 있었던 때라 아버지의 말은 우리 가족들을 당황스럽게 만들 수밖에 없었죠. 멍한 표정으로 아버지를 바라보니 아버지는 예상했다는 듯 말을 이었죠.

"이식하러 들어가면 죽어서 나올 것 같아서 너무 두렵고 무섭다. 안 하고 싶어."

평소 표정이 담담하고 포커페이스를 유지하던 아버지의 두려움이 가득한 표정. 살면서 이런 아버지의 표정을 본 적이 있나 싶을 정도였습니다. 아버지는 진심을 다해 우리 가족들에게 자신의 감정을 표현한 것이죠. 이식을 하러 들어가면 죽어서 나올 것 같다. 아버지의 진심 어린 말에 우리 가족들은 다시 한번 이식에 대해 생각하게 되었습니다.

이식과 같은 수술은 정말로 본인 의지가 가장 중요하고, 본인의 의지가 있어야만 예후도 좋습니다. 그 정도로 본인의 감정과 마음이 얼마나 중요한지 이미 알고 있었죠. 그렇기에 죽어서 나올 것 같다는 두려움이 가득한 아버지를 그날 이후로는 설득하거나 닦달할 수가 없었습니다.

"만약 여기서 조혈모세포 이식을 하지 않으면 빠르게 백혈병으로 진전이 될 수도 있고, 그러면 지금 하고 있는 항암 치료보다도 더 괴로운 치료를 받을 수도 있어요. 어떤 큰 관을 삽입해야만 할 수도 있고, 더 큰 부작용이 올 수도 있어요. 그래도 괜찮으시겠어요?"

하지만 의료진인 저는 다시 한번 아버지께 확인을 했습니다. 날짜를 잡았고 오빠도 시간을 맞춰 가며 이식 준비를 하고 있었기 때문에 재차 물어봤던 것이죠. 실제로 암세포가 더 빠르게 진행되기 전에 이식을 하자는 것이 의사의 의견이었기에 아버지께 한 번 더 확인해야만 했습니다. 그리고 이식을 하고 난 뒤 부작용이 많다고 하지만, 그래도 병원 내부에 있기에 그 부작용들을 꼼꼼하게 확인할 수 있고 조기에 발견되어 빠른 처치가 가능하니 안 하는 것보단 낫지 않을까 싶은 생각에 또 물어보게 된 겁니다.

그러자 아버지는 담담하고 확고하게 대답했습니다.

"괜찮다. 모두 다 감당할 준비가 되었다."

   확실하고 확고한 아버지의 대답. 아버지는 이미 마음을 정한 것이었습니다. 아버지의 진실된 대답에 우리 가족들은 그 이상 묻지 않았습니다. 다그치지 않았습니다. 닦달하지 않았습니다.

   다음 날 외래를 방문하여 아버지의 의사를 전달했고, 의사는 모든 것을 감당하겠다는 아버지의 말씀에 그 어떠한 대답도 하지 않고 작은 웃음만 그릴 뿐이었습니다. 어떤 미래가 펼쳐질지 다 보였지만, 아버지의 의지가 그러니 저희와 똑같이 강요할 수 없었던 거겠죠. 결론적으로 항암 치료를 중단하고 외래를 방문하며 피 검사 수치에 따른 수혈이나 다른 처치만 해야 한다는 대답을 들은 뒤 그날 외래를 마무리하였습니다.

   그렇게 조혈모세포 이식 확정 날짜를 취소하고 수술을 하지 않기로 마음을 먹은 뒤, 아버지는 불현듯 한마디 했습니다.

"이식 수술을 취소하고 나니 오히려 더 마음이 편안해. 안

하길 정말 잘한 것 같아."

작은 미소를 지으며 편안하고 개운한 표정으로 말하는 아버지. 두려움이 가득한 그 모습으로 이식을 하러 무균실에 들어갔을 아버지를 생각하니 편안하다고 대답하는 아버지에 안심을 하고 다행이라 생각했었습니다.

♥
어쩌면 좋아지지 않을까?

　조혈모세포 이식 수술을 취소하고, 계속 외래를 방문하며 피 검사를 지속하던 때. 그 당시에는 혈소판 수치가 처음 발견한 수치가 아닌 그래도 나름 나쁘지 않은 수치를 유지하고 있었기에 우리 가족들은 아주 작은 기대와 희망을 품었습니다.

　주변에 물어보고 찾아 보니 혈소판 수치가 1만 정도만 유지되어도 일상생활에 큰 문제가 없고 조금만 조심하면 된다고 했습니다. 그랬던 아버지가 최근 검사 상에서는 3만, 5만, 그리고 최대 6만까지 오르니 기대를 하지 않을 수가 없었죠. 1만 정도여도 조심하되 일상생활을 할 수 있다고 했는데 최근 아버지의 혈소판 수치는 6만까지 올랐으니 그야말로 기대를 할 수밖에 없었던 것이죠.

　의사도 그런 아버지의 수치를 보면서 수혈도 최근 들어 거의 한 적이 없고, 외래 기간도 처음에는 일주일, 그리고 2주로 간격이 짧았다면 이제는 4주, 5주, 최대 6주까지 외래를 미룰 수 있을 정도로 길어졌습니다. 호전. 회복. 이런 긍정적인 단어가 자꾸만 떠오르게 되었죠. 그러니 자연스럽게 그런 생각이 들었습니다.

'어쩌면 좋아지지 않을까? 어쩌면 좋아질 수 있지 않을까?'

혈액질환에 완치는 없다고 하지만 어쩌면, 정말 어쩌면 치료가 될 수 있지 않을까? 완치는 아니더라도 계속 수치가 오르고 유지만 된다면 정상 생활을 유지하는 데에 큰 문제가 없지 않을까? 이러한 기대와 희망이 자꾸만 생기고 부풀어 오르며 절정을 찍어 버리게 되는 거죠.

첫날 혈소판 수치	07.22 혈소판 수치
5,000	60,000

처음 지역 병원에서 발견했던 혈소판 수치에 비해 항암 치료와 수혈을 진행하며 오른 수치는 그야말로 회복의 가능성을 기대할 수 있을 정도로 엄청난 변화였습니다. 결코 정상

수치는 아니었지만, 일상생활을 할 수 있을 정도로 괜찮은 수치였기에 가족들은 행복해했죠. 이대로만 유지되기를 간절히 바라며 하루하루를 소중하고 보냈습니다.

2.
병실 입원

빼빼로데이의 비극

 11월 11일 외래에 가기 전까지 특별한 다른 일이 없다면 정말 이대로 혈소판 수치를 유지하고 일상생활을 할 수 있을 것이라 예상했고, 또 기대에 한껏 부풀었습니다. 지금까지 특별한 증상이 나타나지 않았고, 혈소판 수치도 빠르게 오르진 않았으나 적어도 감소하진 않았고 어느 정도의 수치를 유지했기 때문이죠. 아버지도 나름대로의 기대를 하셨던 건 아닐까 싶습니다.

 그러나 외래를 보기 딱 3일 전인 금요일. 평소 아버지는 매일 아침 활력 징후를 측정하며 혈압과 체온을 측정했지만 열이 나거나 혈압이 많이 떨어지는 때는 없었습니다. 혈압을 100~110대를 유지했고, 체온은 높아도 37.4도 이하로 유지가 잘되었죠. 매일 꾸준하게 측정하고 기록을 해 두는 터라 저 역시도 아버지의 상태를 확인했었습니다.
 그랬던 아버지가 외래 3일 전 금요일은 이상하게 열이 점점 오르기 시작하는 겁니다. 체온이 37.9도까지 올랐습니다. 고체온과 관련된 다른 증상들은 없었고, 다른 징후도 없었던 상태였습니다. 처음에는 단순히 감기몸살 혹은 다른 호흡기 질환을 의심하며 집에 있는 해열제를 투약하였죠. 혹시나 하는 마음에 얼음찜질도 하고 미온수로 몸을 닦아 주는 등 열을 떨어뜨리기 위한 모든 대증요법도 시행하였습니다. 다행스럽게도 아버지의 열은 떨어졌고, 밤 동안 37.5도 미만을 유지했습니다.

일은 지금부터 시작이었습니다. 다음 날인 토요일도 역시 열이 오르셨습니다. 똑같이 37.9도에서 38.0도까지 측정되었고, 아버지는 하루 종일 잠만 자려고 하셨습니다. 입맛도 없다고 하시고 식사도 거부하셨죠. 저희 가족들은 죽이라도 사서 먹이려고 했으나 몸이 너무 피곤하다며 잠을 계속 자기를 원하셨습니다. 이번에도 얼음찜질과 같은 대증요법과 동시에 해열제를 투약했습니다. 같은 방법을 적용해도 결국 열이 떨어지는가 싶더니 다시 열이 나기 시작했습니다. 여기서 저는 무언가 이상함을 느꼈습니다. 단순히 감기몸살로 인한 열이라면 해열제로 열이 떨어져야 하고, 다시 발생하는 일은 드뭅니다. 즉, 아버지는 단순한 질병이 아니라는 것을 예상했죠. 그래서 저는 아버지께 응급실로 빨리 가 보는 게 어떻겠냐고 말했습니다. 이건 단순한 열이 아닌 것 같다며. 그런 저의 말에 돌아오는 아버지의 말은 짜증과 화가 섞인 대답이었습니다.

"단순한 감기몸살이다! 응급실은 무슨……. 됐다, 잘 거니까 신경 쓰지 마라!"

너무나도 단호하게 응급실은 가지 않겠다고 말씀하시는 아버지. 그런 아버지를 보며 걱정스러운 마음이 들었으나 본인 의지도 없었고 강력하게 응급실 방문을 거절하는 아버지로 인해 대증요법과 해열제를 투약하는 방법밖엔 없었습니다. 이상함을 느꼈을 때가 이미 밤 9시를 넘어가는 시간이었고, 해열제를 투약한 뒤였기에 열이 떨어지길 바라며 다음 날이 오기를 기다려야만 했죠.

그렇게 다음 날, 일요일. 아버지는 여전히 열이 났습니다. 다만 한 가지 달라진 게 있다면 아버지께서 금요일에서 토요일까지 내리 잠만 주무셔서 그런지 몸이 너무 개운하고 좋다는 겁니다. 열이 났음에도 다른 증상은 없이 피로감에 눌려

잠만 주무셨던 덕분이었죠. 일요일은 그나마 식사를 조금 하셨고, 저희가 사 온 죽까지 드시면서 몸을 챙겼습니다. 그래도 열은 났으니 해열제를 투약했죠. 지금까지만 봐도 몸이 이상하다는 생각에 또 한 번 응급실을 가자고 얘기했지만 여전히 아버지는 완강했습니다. 어차피 월요일인 내일 외래를 갈 예정인데 굳이 지금 응급실을 왜 가냐는 것이 아버지의 말씀이셨죠. 틀린 말은 아니었으나 단순하게 잡히는 열이 아니기에 질병 확인을 위해서라도 응급실을 가자고 했습니다. 하지만 아버지는 지금 열이 나고 있음에도 몸이 너무 괜찮고 개운하기에 강력하게 응급실 방문을 거절하셨습니다.

본인의 의지가 이리 강하고 몸이 괜찮다는 말을 들으니 억지로 병원을 데리고 갈 수 없다는 생각에 저희들은 아버지께서 원하는 대로 하도록 두었습니다. 매 식사 시간마다 계속 응급실을 권했지만 아버지는 그만 얘기하라며 또 짜증 섞인 화를 내셨죠. 그리고 그날은 밤 9시가 채 되지 않은 시각에 잠이 들었습니다.

대망의 월요일, 아버지의 외래 날이 되었습니다. 피 검사를 하려 일찍 도착해서 미리 검사를 시행하고 대기실에서 결과가 나오기를 기다렸습니다. 저는 11일 아침에 퇴근하는 근무라 퇴근하자마자 곧바로 병원으로 갔고, 부모님과 함께 검사 결과가 나오기를 기다렸죠. 그리고 잠시 후 확인한 검사 상에서는 혈소판 수치가 생각 이상으로 괜찮았습니다.

04.08 혈소판 수치	11.11 혈소판 수치
29,000	34,000

아버지의 혈소판 수치가 7월에 가장 높게 측정되었고, 그 이후로는 감소 추세였지만 예전만큼은 아니었습니다. 전체적으로 안정적인 혈소판 수치를 보며 안심을 하며 다른 수치도 살펴보았습니다. 혈색소도 낮은 편이지만 나쁘지 않았고, 다른 검사 수치도 괜찮았지만…. 이상하게 눈에 띄는 수치 하나. 바로 백혈구였습니다. 평소에 백혈구 수치가 정상 범위를 벗어난 적이 없었던 터라 11월 11일의 백혈구 수치는 너무나도 당황스러웠습니다.

12.19 백혈구 수치	11.11 백혈구 수치
6.21	99.31

너무나도 많이 올라 버린 백혈구를 바라보며 깊은 한숨과 함께 지난 3일 동안 열이 났던 아버지의 상태가 떠올랐습니다. 역시 그때 강제로라도 응급실을 데리고 갔어야 했는데…. 만감이 교차하며 아버지에게 백혈구 수치가 오르는 이유들에 대한 설명을 하고 있는 그때, 외래 시간이 되어 의사를 만나러 들어갔습니다.

의사와 가볍게 인사를 나누고 자리에 앉은 다음 오늘 검사 수치를 살펴보는 도중 혈소판에 대해서는 꽤나 긍정적으로 얘기했습니다. 생각보다 괜찮은 수치에 의사도 긍정적인 반응을 보인 것이겠지요. 하지만 이어서 발견한 백혈구 수치에 의사의 표정이 점점 어두워지기 시작했습니다. 그러고는 단호하고 급박하게 말했죠.

"백혈구 수치가 너무 많이 올랐습니다. 급성 백혈병으로 진행된 것 같아요. 지금 바로 진료의뢰서 작성해 줄 테니 응급실 통해서 검사 시행하고 입원하죠. 입원 치료가 필요합니다."

의사의 단호한 말에 저희들은 너무 당혹스러웠습니다. 혈소판 수치는 괜찮았지만 백혈구 수치가 높게 뜬 걸로 보았을 때, 원래는 백혈병 전 단계로 치료를 하였으나 이제는 급성 백혈병으로 진행이 되고 있다는 것이었습니다. 예상하지 못한 일이었기에 너무 당황스러울 수밖에 없었습니다. 의사는 다급하게 진료의뢰서를 작성하며 빠르게 입원을 하고 항암을 하자고 설명하고 있었지만 저희들은 그저 멍한 표정으로 바라볼 수밖에 없었습니다. 입원을 하라고 하니 응급인 건 알겠지만, 이렇게 될 줄 누가 알았을까요.

저희들은 곧바로 응급실로 가도록 전달받고서는 여전히 멍한 표정으로 방을 나왔습니다. 급성 백혈병. 제발 오지 않기를 간절히 바랐던 그 병이 오고야 만 것입니다.

그날은 11월 11일. 누군가에게는 **빼빼로데이**였습니다. 아주 달콤한 무언가를 주고받고 행복을 나누는 날이었지만, 우리 가족들에게는 백혈병이라는 병을 얻은 비극적인 날이었습니다.

응급실에서 병실 입원까지

 외래에서 피 검사 수치 확인 후 곧바로 입원을 권유받자마자 저희 가족들은 진료의뢰서를 들고서 택시를 타고 병원으로 갔습니다. 병원이 본원과 타 지역 지점으로 나뉘어 있는 병원이라 본원으로 입원을 위해 간 것이죠.

 응급실에 도착해서 진료의뢰서를 들고 응급실 접수를 하자마자 순서에 따라 자리를 배정받았습니다. 응급실 안에서는 보호자 1명만 있을 수 있어 나름 의료진이랍시고 최대한 정신을 붙잡고 제가 보호자를 자처했습니다. 어머니는 밖에 있는 보호자 대기실에 앉혀 두고, 안에서 시행하는 검사들을 보며 아버지의 곁을 지켰죠. 그때까지만 해도 아버지는 대체 왜 응급실에 와야 하며 입원을 해야 하는지에 대해 의문을 가지고 있었습니다. 단순히 피 검사로 어떻게 백혈병으로 진전되었음을 알 수 있는지, 꼭 입원을 해야만 하는지 등 다양한 의문투성이였죠. 의사 선생님과 전담 선생님, 그리고 간호사 선생님들이 왔다 갔다 하며 아버지께 설명을 하고 주사를 투여하고 입원에 대한 설명을 할 때까지도 의문이 가득했습니다. 아버지는 피 검사상 백혈구가 높을 뿐 그 어떤 증상도 없었기 때문입니다. 아버지 스스로가 느끼는 특이 변화가 없으니 괜찮을 거라 생각했던 거죠. 그런 아버지 옆에서 저는 설명도 함께 듣고, 아버지의 상태를 살피며 계속해서 입원의 필요성에 대해 설명했습니다.

응급실에서는 진료의뢰서에 적힌 그대로 백혈병 관련 항암제를 투여하기 시작했습니다. 설명을 하고 동의서를 받으며 주사를 잡고, 각종 검사를 시행하면서도 아버지의 곁을 지켰죠. 설명에 대해 어려운 점이 있다면 제가 옆에서 설명도 해 주고, 빠르게 입원 치료를 받을 수 있도록 아버지와 함께했습니다. 밖에 있는 어머니가 걱정될 때면 중간에 전화나 메시지를 주고받으며 아버지의 상태에 대해 서로 공유했죠. 아버지께 처음으로 투약된 주사는 악성 종양 환자에게 사용하는 고요산혈증 치료제. 항암을 하면서 오를 수 있는 수치를 조절해 주는 주사였습니다. 그 주사를 맞으며 항암에 대한 동의서를 받고, 실제로 항암제를 시작한 뒤 병실이 배정되어 병실로 갈 수 있었습니다.

배정받은 병실은 6인실이었습니다. 혈액종양내과가 메인인 병동이었고, 몇 주 후면 새로운 병동으로 옮겨 갈 곳이었습니다. 병원 사정으로 인해 병동 자체를 이동하기 위해 준비를 하고 있었던 병동이라 저희들은 임시로 있을 수 있는 곳이었죠. 갑작스러운 입원으로 인해 아무것도 준비를 하지 못한 우리는 급하게 지방으로 내려온 오빠의 도움으로 생활할 수 있는 최소한의 준비물을 챙길 수 있었습니다. 아버지의 응급 입원 이후 상태를 확인하고, 함께 못 했던 대화를 나누며 아버지의 상태를 계속 살폈죠. 언제까지 입원을 할지는 아버지의 상태에 따라 주치의 판단이 컸지만, 항암제를 시작했기에 당장 7일은 반드시 있어야만 했습니다. 그래도 최소한의 준비를 끝내고 아버지의 상태를 볼 수 있어서 모두가 화기애애했죠.

여전히 아버지는 스스로 입원을 해야만 하는 이유를, 그리고 급성 백혈병 진단을 받은 상태를 인정할 수 없다는 듯 수많은 의문을 가진 얼굴이었지만 어떠한 설명에도 이해하지 못하는 것 같았습니다. 우리들은 그런 아버지를 다그치지 않았죠. 치료에 있어서 본인의 의지가 가장 중요한 것을 알기에 다그치지 않고 억지로 인정시키지 않고 아버지께서

<u>스스로</u> 받아들일 수 있도록 기다렸습니다. 아버지께서 궁금한 게 있고 이상한 게 있다면 곧바로 의문을 해소해 주기 위해 노력했죠.

빼빼로데이의 갑작스러운 응급실 방문과 입원. 우리 가족 모두에게는 너무나도 당황스럽고 힘겨운 순간이었지만 아버지의 입원과 치료로 인해 조금 더 나아질 것이라 기대했습니다.

반복되는 열, 반복되는 불면

 한 번도 병원에 입원해 본 적이 없고, 한 번도 병간호를 해 보지 못한 사람들은 처음이라는 모든 것들이 어렵기만 합니다. 아버지께서는 살면서 딱 한 번 급성 맹장수술을 위해 1박 2일 정도 입원을 해 본 것 외에는 단 한 번도 입원한 적이 없었고, 어머니 역시 중증 환자의 병간호를 해 본 적은 단 한 번도 없었습니다. 그러니 갑갑하고 답답한 병원 생활을 시작한 아버지와 어머니는 여러 불편함을 겪을 수밖에 없었죠.

 첫 번째 문제는 다인실의 좁은 보호자 침대와 자리였습니다. 아버지는 한 줄에 세 개의 침대 중 가운데에 배정을 받았는데 창가 쪽도 아니고 복도 쪽도 아니라 공간 자체가 협소했습니다. 그곳에서 어머니께서 아버지를 간호하며 생활을 해야 하니 그야말로 난감함 그 자체였죠. 애초에 침대에서 매번 주무시고 집에서 생활하다 갑작스럽게 좁은 공간에 침대까지 낮고 불편하니 어머니는 제대로 된 휴식을 취하며 간호를 할 수가 없었습니다.

 마찬가지로 편안한 침대에서 잠을 청하던 아버지께서 딱딱한 병원 침대에 좁은 공간 안에서 지내려고 하니 여간 불편한 것이 아니었습니다. 이불도 평소에 덮는 것이 아닌 병원 이불을 사용하려고 하니 이런 저런 불편함이 너무 많았죠.

 두 번째 문제는 아버지의 상태에 대한 것이었습니다. 항암제를 24시간 맞고 있으니 몸 안에서는 암세포를 없애기 위해 엄청난 싸움을 하고 있죠. 그러면서 나타나는 주된 증상은 바로 '발열'이었습니다. 단시간 맞고 끝나는 항암제가 아니었기에 24시간 내내 열이 나고 해열제를 투약해서 열을 떨어뜨리고, 또다시 열이 나고 해열제를 투약하고 열을 떨어뜨리고…. 이 과정을 24시간 내내 반복해야만 하는 겁니다. 그것도 이 항암제를 24시간만 투여하는 것이 아니라 총 일주일을 투약해야 했기에 일주일 내내 발열과의 싸움이 시작된 거죠.

 발열이라는 것은 단순히 미열이라면 크게 힘들지 않습니다. 미열에서 더 오르지 않도록 빠르게 조절만 한다면 증상도 없고 큰 문제 없이 가볍게 지나갈 수가 있죠. 다만, 고열이 되어 버리면 여러 가지 문제가 생깁니다. 실제로 고열에 지속적으로 시달리는 사람들은 뇌에도 손상이 올 수 있어 의식이 저하되거나 몸에 경련이 있는 등 다양한 증상들이 실제로 나타나기 때문에 고열은 참으로 무서운 증상이죠.

 아버지는 유독 미열이 아닌 고열이 많이 났습니다. 열이 나기 시작하면 일단 38도를 넘기 시작했으니 아버지도 버티느라 힘겨워하시고 어머니도 옆에서 간호를 하느라 버거워하셨죠. 해열제는 주치의가 지정된 시간 간격 내에서만 맞을 수 있기 때문에 쉽게 줄 수 있는 것도 아니었고, 게다가 혈압 저하, 신기능 저하 등 다양한 부작용이 있을 수 있기에 조심스럽게 투약할 수밖에 없어 난감한 상태였습니다. 그러니 대증요법에 의존할 수밖에 없었던 거죠. 또한, 해열제를 투약한다고 해서 바로 효과가 나타나 열이 순식간에 떨어지지 않습니다. 어떤 때는 잠깐 더 큰 열이 생겼다가 천천히 떨어지기도 하고, 때로는 열이 한동안 안 떨어지다가 갑자기 훅 떨어질 때도 있었죠. 그 당시의 몸 상태에 따라 반응이 다양하기 때문에 더더욱 조절하기 힘든 것이 고열입니다.

 처음 입원할 때부터 항암제 투여를 시작한 뒤 하루에 6~7번 열이 나고 해열이 되는 것을 반복했습니다. 해열제 투약은 한계가 있으니 나머지 열을 떨어뜨리는 것은 모두 어머니의 대증요법에 의존해야만 했죠. 열도 원하는 시간대에 나는 것이 아니었습니다. 식사 시간, 늦은 새벽, 아침 등 시간을 가리지 않고 마음대로 열이 올랐고 그 덕에 아버지도 식사를 제때 챙기지 못하고 어머니는 잠을 제대로 자지 못하는 등 굉장한 어려움을 겪게 되었습니다. 고열이 계속 나니 아버지는 정신이 없고 점차 의식도 흐려지는 상태고, 어머니 역시도 잠도 제대로 못 자고 계속 차가운 수건을 올려 주기 위해 몇 번이고 움직여 시원한 물로 바꿔 오고 수건을 바꿔 주고 미온수로 온 몸을 닦아 주는 것까지. 제대로 된 생활을 할 수가 없는 겁니다.

차라리 식사라도 잘할 수 있으면 얼마나 좋을까요. 아버지께서 드시지 못하니 어머니도 덩달아 함께 드시지 못했습니다. 언제 한번은 아버지께서 식사 시간에 열이 나고 해열제가 투약된 상태라면 보호자인 어머니라도 든든하게 챙겨 먹도록 권했습니다. 보호자가 건강해야 환자를 간호하는 것에 큰 문제가 없다고요. 그러나 어머니는 그런 저의 말에 대답하셨죠.

"아빠가 저렇게 아픈데 내가 어떻게 밥이 들어가겠어. 입맛이 없어지더라……."

 어머니의 말씀에 저는 그저 입을 꾹 다물 수밖에 없었죠. 아버지가 열이 나고 아파서 저렇게 괴로워하는데 옆에서 밥이 넘어가질 않는다는 말씀이 너무 힘겨웠고 서글펐거든요. 그러니 자연스럽게 아버지도 잠을 제대로 자지 못하고 식사도 제때 못 했고, 어머니도 함께 식사를 하지 못하고 불면을 겪게 됐습니다.

 운이 좋게 타이밍이 좋아 잠을 좀 잘 수 있는 잠깐의 시간이 될 때면 정규 회진 시간 또는 정규 라운딩 시간으로 바깥의 움직임에 신경을 쓰다 보니 제대로 된 잠을 잘 수가 없었죠. 반복되는 열과 함께 반복되는 불면으로 환자인 아버지도, 보호자인 어머니도 제대로 쉴 수 없고 휴식을 취할 수 없는 최악의 환경이었습니다.

아버지의 염원

 급성 백혈병은 증상이 다양한데, 그중에서 아버지께서는 혈소판이 감소된 혈액암의 일종이었습니다. 혈소판은 혈액응고를 담당하는 부분이라 혈소판이 낮은 만큼 응고가 잘 되지 않죠. 즉, 상처가 나면 응고가 되지 않고 그 상처가 뇌에 나면 뇌출혈, 폐에 나면 폐출혈이 발생하는 질병이라 매우 조심해야 하고 절대 안정이 필요한 병 중 하나입니다.

 특히나 혈소판 감소증의 주된 증상이 하나 있는데요. 그건 바로 '점상 출혈'입니다. 출혈이 점처럼 피부에 나타난다 하여 붙여진 이 점상 출혈이라는 증상은 생각보다 무섭고 두렵고 당황스러운 증상입니다. 피부에 직접적으로 출혈이 나타나거든요. 처음에는 단순히 두드러기 같아 보이지만 그 출혈이 온 피부에 나타나게 되면 온 몸이 살색이 아닌 붉은 점들로 가득 차 결국에는 본래의 살색이 보이지 않을 정도로 빨간 피부가 되어 버립니다.

아버지께서 입원 후 그런 증상을 겪었습니다. 급성 백혈병에 사용하는 항암제는 U자 곡선을 따르듯 모든 수치를 감소시키고 결국에는 그 항암제가 몸에 맞게 되는 순간 수치가 오르게 되죠. U자 곡선을 따르는 항암제이기 때문에 처음 항암을 하는 시기에는 수치가 떨어질 수밖에 없습니다. 혈소판을 포함한 혈색소, 그리고 백혈구 등 다양한 수치들이 감소하는 시기였던 거죠. 그럴 때마다 아버지의 하얀 피부는 붉은 반점들로 가득 찼습니다. 처음에는 팔과 어깨 정도에만 포진되어 있던 점상 출혈이 점점 가슴과 배, 그리고 하체까지 늘어나면서 결국에는 온몸이 새빨간 반점투성이였습니다. 특히나 열이 나게 되면 열꽃이 피는 것 마냥 더더욱 붉은 반점들이 피어올랐죠.

그럴 때마다 아버지는 본인이 거울을 통해 볼 수 없는 부위들을 사진으로 찍어 달라고 했습니다. 등 뒤, 목 뒤, 그리고 하체 뒤쪽이나 엉덩이까지 사진으로 찍어 주길 원하였죠. 아버지의 부탁에 사진을 하나씩 찍어 주었습니다만, 좋지 못한 모습에 사진을 찍어 주면서도 마음이 쓰라렸습니다.

이 사진은 단순히 어디에 어떤 모습이 되어 있는지 아버지께서 확인을 하고 싶었던 것이 아니라는 건 입원하고 꽤 시간이 지난 후에 알게 되었습니다. 아버지께서 본인의 휴대폰으로 무언가를 확인해 달라며 제게 요청을 해 왔고, 그러다 다른 사람들과 나눈 메신저를 확인해야만 하는 상황이 되었습니다. 그러다 아버지와 친분이 있던 분께 보낸 메시지를 확인하게 되었는데요. 그 내용은 지금 이 순간에도 아버지의 감정이 느껴질 정도로 간절한 염원이 담겨 있었습니다.

"언제 피부색 돌아오고 집에도 갈 수 있을까요?"

여태까지 저희가 찍어 준 아버지의 피부 사진들과 함께 보낸 메시지였습니다. 처음에는 다홍색과 같은 붉은 점이었으나 점차 발전하면서 새빨간 점들이 가득한 몸 사진을 보며 아버지는 어떤 생각을 했을까요. 매번 걱정스러운 마음으로 쳐다보면 이제는 다 받아들였다며 오히려 우리들을 안심시키던 아버지의 말이 떠오릅니다. 본인도 피부가 변한 것에 대해 마음이 아프고 걱정도 되고 힘든데도 더 걱정스러워하는 우리들을 위해 괜찮다는 듯, 아무렇지 않다는 듯 말을 해 놓고 다른 이에게는 간절함이 담긴 메시지를 보낸 것을 뒤늦게 확인하게 되다니. 아버지의 정신적 고통과 아픔을 알아주지 못한 것이 너무나도 마음이 아팠던 날이었습니다.

  이것 외에 아버지의 염원은 또 다른 방식으로 드러났습니다. 항암제를 투약하는 사람들의 대부분은 생고기나 생으로 된 음식들을 먹을 수 없게 됩니다. 모두 익혀서 먹도록 권하죠. 면역력이 떨어진 상태에서 생으로 된 음식들을 먹으면 어떤 균이 나타나 몸 안에서 발발할지 모르기 때문에 모든 것을 익혀 먹도록 권합니다.

  그러나 아버지께서는 입원한 이후로 매번 먹고 싶은 것은 익지 않은 모든 음식들이었습니다. 사과나 귤과 같은 과일부터 시작해서 회나 초밥 등 먹고 싶은 건 대부분 아버지가 먹을 수 없도록 제한되어 있는 음식이었죠. 마음 같아서는 아버지를 위해 함께 먹고 싶지만 반대로 아버지를 위해서 먹지 않도록 해야만 했습니다. 안 되는 이유를 설명하고 조금만 참아 보자고 달랬지만 다음 날 똑같이 어린아이처럼 먹고 싶다고 말하는 아버지. 그야말로 창과 방패였습니다. 그나마 익힌 것들 중 몸에 그리 좋진 않지만 아버지께서 간절히 원하고 의사에게 확인받은 음식인 돈가스와 칼국수는 든든하게 챙겨 드릴 수 있어 다행이라 생각했습니다.

몸으로 드러나는 증상들과 드러나지 않는데도 하면 안 되고 먹으면 안 되는 것들 때문에 아버지는 병원 생활을 힘들어하셨습니다. 아버지의 염원을 다 이루어 줄 수 있었다면 얼마나 좋았을까요?

보호 격리를 하게 되다

 아버지가 사용하고 있는 항암제는 U자 곡선을 따라 모든 수치를 감소하도록 만든 뒤 제대로 오르는지를 확인해야만 하는 약제였습니다. 그리 설명을 들었고, 동의서를 받았고, 아버지께 실제로 투약이 되었죠.

 즉, 아버지의 모든 수치들이 떨어지며 면역과 관련된 수치인 ANC(절대호중구수치)도 자연스럽게 감소가 되었습니다. 이 수치가 감소하게 되면 '보호 격리'라 하여 감염의 위험성이 있는 기간 동안 환자가 병원 내의 환경에게 교차 감염의 방지를 목적으로 1인실로 격리를 해야 합니다. 병원 내의 균, 혹은 타인들의 균이 아버지에게 오게 되면 쉽게 감염이 될 수 있으니 사전에 그 위험성을 방지하기 위해 격리를 하는 것이죠. 그래서 보호 격리라고 하여 환자를 보호하는 격리를 뜻합니다. ANC 수치가 500 이하면 보호 격리를 해야만 하는 수치이고, 동시에 1인실을 사용함에 있어 보험 적용 혜택을 받을 수 있는 시기죠.

아버지는 500 이하는 아니나 600대가 되는 순간 주치의의 판단하에 1인실로 이동을 하게 되었습니다. 정확하게 입원한 지 9일 째였죠. 전체적으로 U자 곡선에 따라 치료 방향에 맞게 잘되고 있는 상태라고 주치의 회진 때마다 얘기했기에 저희들은 의료진들의 치료 계획에 따라 움직였습니다.

입원 9일 차 오후 2시 경. 1인실로 이동을 해야 하니 짐을 챙기라는 말에 빠르게 짐을 챙겼고, 집에 있던 저는 갑작스러운 연락에 빠르게 병원으로 와 짐을 함께 챙겼습니다. 다행스럽게 그리 멀지 않은 병동의 1인실로 전동을 하는 것이라 크게 어려움은 없었습니다. 새로운 환경, 새로운 사람들과 적응하는 것 외에는 어려운 것이 없었죠.

정말 다행인 것은 일반 병실은 다인실이라 좁고 답답한 환경이었으나 1인실은 문을 열지 못하고 갇혀 있는 갑갑한 느낌은 똑같지만, 적어도 보호자 침대와 소파가 따로 있고 아버지도 활동하기에 어려움이 없는 공간이었습니다. 너무나도 넓고 쾌적하고 깔끔한 공간에서 ANC 수치가 오를 때까지 지낼 수 있는 것이죠. 그것도 1인실 비용을 전부 내지 않고 법적으로 허용되는 격리 수준이라 보험 적용 혜택까지 받으면서 말이에요.

   1인실을 가야만 하는 ANC 수치였지만, 저는 전반적인 상황으로 봤을 때 모두에게 다행이라 생각했습니다. 아버지는 의사가 바라는 치료 방향대로 잘 가고 있었고, 어머니는 옆에서 간호를 해야만 했는데 넓은 공간이 생기고 침대와 소파까지 생기니 불면에 대해서도 문제가 없었고, 병원비와 관련된 비용 문제도 오빠와 저에게 큰 부담이 없었기 때문이죠. 여러 가지 상황으로 따져 봤을 때 불행 중 다행이라 여겨지는 부분이었습니다.

   물론 ANC 수치가 떨어져 더더욱 조심해야 할 것이 많고 견뎌야 할 것들이 많지만, 적어도 옆에서 간호하는 어머니도 편하고 아버지도 넓은 공간 안에 텔레비전도 개인으로 있어 할 수 있는 걸 하고 볼 수 있는 걸 볼 수 있다는 점에서는 다행이라고 생각했습니다.

   면역력이 저하된 사람이 주로 하는 보호 격리를 하게 되었지만, 의사의 치료 방향에 맞게 잘 가고 있었고 넓은 공간도 생긴 상황. 아버지와 어머니, 그리고 저희 가족들 모두에게 긍정적이었고, 앞으로의 상황도 긍정적이길 바랐습니다.

몸이 적응하고 있습니다

처음 항암제 투약을 시작하고 그 후로 열이 계속 났습니다. 해열제도 매번 투약해야 했죠. 그러는 동안 매일 하루에 한 번씩 진행했던 피 검사 결과를 꾸준히 확인했습니다. 의료진도 확인하고, 저도 확인할 수 있어 매번 결과가 뜰 때마다 확인했죠. 그중 염증 수치가 확연히 높아진 상태를 확인했었고, 그로 인해 열이 더 많이 났던 것이라 추측했습니다. 실제 주치의도 같은 생각이었는지 염증 수치를 잡기 위해 항생제를 추가해서 투약했죠. 처음에는 경구제제로 투약하였으나 그럼에도 염증 수치가 조절이 되지 않고 오히려 점점 더 높아지자, 아예 주사제로 바꾸어 투약을 했습니다. 몸 안에서 염증 수치가 조절이 되지 않으면 항암 치료를 하는 것에도 어려움을 겪기 때문에 염증 수치도 잡아야만 했습니다.

그러다 ANC 수치가 낮아 보호 격리를 위해 1인실로 이동했고, 그 이후로도 계속 항생제를 투여하며 염증 수치의 변화를 봄과 동시에 발열 양상도 꾸준히 확인을 했죠. 처음 항암제를 투약했을 때와는 달리 하루 3~4번 정도의 발열로 감소한 양상을 확인했습니다. 간호사 선생님들도 이러한 양상을 발견했는지 해열제를 달면서 얘기했죠.

"그래도 이전에 비해서는 열이 어느 정도 잡히는 거 같아서 다행이에요. 발열이 나는 횟수도 많이 줄었고, 염증 수치도 감소하고 있는 추세예요. 몸이 적응하고 있나 봐요."

간호사 선생님들도 제 일인 양 함께 기쁘게 이야기해 주는 터라 감사한 마음이 들었습니다. 발열이 나고 해열제를 투약하는 횟수와 주기를 보았을 때 이전에 비해 많이 줄었고 그만큼 아버지도, 어머니도 괴로워하는 시간들이 감소했던 거죠. 저 역시도 나름 추측을 하고 있었지만 실제로 간호사 선생님이 먼저 그리 말씀해 주시니 그저 감사할 따름이었습니다.

이후에도 주치의가 회진을 왔을 당시 매일 진행하는 피검사 수치를 확인하고 아버지의 현재 상태를 파악하면서도 긍정적으로 이야기를 했습니다. 수치를 떨어뜨리고 난 뒤 바닥을 치게 됨과 동시에 오르는 것을 지켜봐야만 했기에 매일 피 검사를 하는 것이라 설명을 했고, 수치가 떨어지는 것이 정상이니 조금 더 지켜보자고 말했죠.

병원 내의 모든 의료진들이 아버지의 상태를 긍정적으로 보고 괜찮다고 말해 주었습니다. 같은 증상과 같은 병명으로 온 대부분의 환자들도 이러한 과정을 거치며 결국 수치가 올라 퇴원까지 하게 되는 경우가 있다고도 얘기해 주었죠. 그러니 아버지도, 어머니도, 그리고 저희 가족들은 아버지의 상태에 대해 똑같이 긍정적으로 바라보고 있었습니다.

아버지가 간절히 바라는 염원 중 하나인 '퇴원'을 기대하면서요.

3.
중환자실 입실

♥

첫 입실, 첫 면회

그날은 힘들어하는 어머니를 교대해 준 다음 날 아침이었습니다. 병원에서 지내기를 불편해하는 어머니를 위해 제가 쉬는 날 교대를 해 주고, 밤새 열이 끓어 힘들어하는 아버지를 돌보았던 그날 아침. 어머니는 이른 시간에 일어나 필요한 짐들을 챙겨 아침 6시 40분경 병실에 도착했습니다. 새벽 내리 열이 잘 떨어지지 않아 온몸을 닦아 주고 차가운 물로 열을 떨어뜨리느라 힘들었던 저는 해열제를 달았던 새벽 3시 30분경부터 잠에 들었습니다. 어머니가 도착한 그 시간에 겨우 눈을 떠 짐 정리를 도와주고 어머니의 상태를 살피며 두런두런 일상 이야기를 했죠. 정말 평소와 다를 바 없는 하루였습니다. 그저 평범한 주말의 병실 내 아침. 병동에도 위급한 환자가 없는지 바깥에서는 간호사들의 웃는 소리가 들리고 평화로운 풍경을 말하듯 조용한 외부까지.

"머리 아프다."

그러던 중 아버지께서는 어머니의 모습을 보더니 어린아이같이 아프다는 말을 내뱉었습니다. 평소에는 아파도 아픈 내색 없고 말을 하지 않던 아버지는 어머니와 저를 향해 약 6시 40분경, 두통을 호소하셨습니다. 경구약 중 진통제가 있다는 걸 기억한 저는 간호사실에 가서 두통약을 당겨 투약할 수 있도록 요구했죠. 간호사는 두통이 있다는 말에 곧바로 두통약만 먹을 수 있도록 약 설명과 함께 빼 주었고, 저는 우선 아버지에게 경구로 두통약을 복용시켰습니다. 일반적으로 약국에서 사 먹을 수 있는 약보다 더 성분이 많이 들어간 복합제제의 약이었기에 두통이 조금 호전될 것이라는 기대감에 시간이 지나기를 기다렸습니다. 그사이에 식사가 나와서 부모님과 함께 챙겼습니다.

   식사를 끝내고 1시간이 넘게 지난 시간. 두통이 호전되었는지 물었지만 아버지는 여전히 두통이 남아 있다고 합니다.

"오른쪽만 아픈 거야, 아니면 다른 쪽도 아픈 거야?"
"머리 전체가 아파. 뒷골도 좀 당기는 것 같고…."

   두통약이 1시간 정도 뒤에 곧바로 효과가 오는 것은 아니었고, 사람마다 효과가 올 때까지의 시간이 다르다곤 하지만 평소와 다른 두통 양상에 조금 걱정이 되었습니다. 마침 격리 중이라 체온계가 병실 내부에 있어 곧바로 열을 측정하였고, 아침에 정상이었던 온도가 38도 가까이 육박하는 걸 확인했죠. 열이 오르면서 두통이 나아지지 않고 심해지려나 보다 싶은 생각에 간호사 선생님에게 활력 징후 측정을 요청했습니다. 아니나 다를까, 열은 점점 오르려고 하고 있었고 혈압도 160대를 육박하며 증상이 나타나고 있었죠. 간호사 선생님은 해열제 투여 간격이 알맞다며 곧바로 열이 나지 않도록 해열제를 투여해 주겠다고 했습니다. 그사이 어머니와 저는 열을 떨어뜨리기 위해 대증요법을 시행하고 있었죠. 이마에 수건을 얹어 주고, 온몸을 미온수로 닦아 주는 등 최대한 열을 떨어뜨리기 위해 노력했습니다.

그럼에도 불구하고 열도 떨어지지 않았고 두통도 호전이 전혀 없었습니다. 뒷골까지 뻐근하고 당긴다는 두통 양상에 간호사 선생님은 당직 의사에게 이야기를 하여 진통제를 주겠다고 했죠. 동시에 측정한 혈압은 160대로 여전히 감소하지 않고 오르기만 하는 양상이었습니다. 여기서 조금 이상함을 느꼈던 거 같습니다. 11월 11일 입원 이후 열이 오를 때면 혈압과 맥박이 함께 올랐고, 해열제를 맞으면 어느 정도 감소하는 양상이 있었으나 이번에는 조금 경우가 달랐던 거죠. 물론 해열제를 맞자마자 곧바로 떨어지지 않고 시간이 필요하다는 건 알지만 두통의 양상이 평소와는 많이 달랐으니 단순히 열로 인한 두통이라고 생각되지 않았습니다.

  간호사 선생님은 당직 의사에게 이야기를 하고 진통제를 처방받아 곧바로 달아 주었고, 그 진통제라도 통하기를 간절히 바라며 어머니와 저는 해열을 할 수 있는 대증요법을 이어 나갔습니다. 당시에는 의식도 있었기에 큰 걱정, 큰 문제 없이 오늘 하루가 지나갈 수 있으리라 기대했었고 진통제가 부디 아버지의 두통에 통하기를 바랐던 그때. 해열제에 진통제까지 다 맞은 터라 두통 양상의 호전을 기대했지만 아버지는 여전히 똑같다고 했고, 당시 측정한 혈압 역시도 160대로 떨어지지 않고 똑같기만 했습니다. 상태가 뭔가 안 좋은 거 같아 곧바로 담당 간호사 선생님에게 이야기를 했고, 병실로 들어오는 순간 아버지는 속이 안 좋다며 손을 휘적거리며 봉지를 찾았습니다. 빠르게 봉지를 가져다 대는 그 순간 아버지는 아침에 먹은 밥알과 동시에 녹색 양상의 액체를 뱉어 냈고, 두통은 나아지기는커녕 점점 더 악화되어 가는 양상이라고 했습니다.

이 순간부터는 뭔가 이상하다고 생각했습니다. '혈압도 잡히지 않고, 두통 양상도 평소와 다를뿐더러 해열제와 진통제가 통하지 않은 상태에서 구토를 했다.' 이 상황만 봐도 분명 뇌에 무언가 이상이 생겼다는 생각에 아버지에게 의식과 관련된 검사를 시행했습니다. 운동 능력은 괜찮은지, 동공은 괜찮은지, 말은 어눌하지 않은지 등 기본적인 사정을 한 뒤 담당 간호사 선생님에게 요청을 했죠. 뇌 CT를 촬영했으면 좋겠다고 말이죠. 빠르게 의사를 좀 불러 달라고 하면서요. 그사이 아버지는 화장실을 가고 싶다고 하여 화장실에서 소변을 봤는데 입원 이래로 단 한 번도 없었던 혈뇨가 발견되었습니다. 너무나도 새빨간 붉은색의 소변에 다시 한번 간호사 선생님에게 양상을 보여 주었죠. 당시 담당 간호사는 이런 저런 일로 바빴는지 크게 신경을 쓰지 못하는 것 같았고 당직 의사보고 환자를 봐 달라고 얘기했으니 병실로 가 있으라는 말만 할 뿐 그 어떠한 말도 하지 않았습니다.

얼마 지나지 않아 당직 의사가 도착했고, 저희 아버지를 확인하러 병실로 들어왔습니다. 제가 했던 것과 같이 운동 능력, 동공, 그리고 통증 반응 등을 살피더니 일단 보호자의 요청이 있으니 Brain CT를 촬영해 보자고 얘기했습니다. 주말이었고, 응급이었기에 CT촬영실에 요청이 되었고 몇 분 지나지 않아 침대째로 촬영을 하러 갔습니다. 이송직원과 저는 CT촬영실로 향했고, 아버지께서 촬영을 하는 동안 저는 서울에 있는 오빠에게 전화를 했습니다. 해당 상황을 설명하며 CT 결과가 어떻게 나올지는 모르겠으나 만약 당장 내려와야 될 상황이라면 다시 전화 주겠다고 전하면서 말이죠. 사실 이때까지도 뇌에 이상이 있음을 의심했지만, 의식이나 운동 능력, 통증 반응 등이 괜찮아서 큰일이라고는 생각하지 않았습니다. 그저 괜찮을 거라며 어머니와 오빠를 다독이고만 있었죠.

약 5분 정도 진행되었던 CT를 촬영하고 병실로 돌아왔습니다. 당직 의사가 CT를 확인하고 별일 아니고 특별한 게 없다는 대답만을 기다리고 있던 그때, 당직 의사가 젊은 보호자인 저를 불렀습니다. 그리고 나오자마자 당직 의사는 심각한 표정으로 제게 말했죠.

"CT상 뇌출혈이 보입니다. 당장 중환자실로 올라가 치료를 받으셔야 하는 상황이에요."

마음 한구석으로는 뇌에 문제가 있을 거라고 생각은 했지만 그것이 오늘이고, 혹은 지금 당장이고, 이 순간이라고는 생각도 못 했습니다. 진통제도 안 듣고 통증 양상이 변화가 생기며 호전도 없었고 혈압도 떨어지지 않는 걸 보면서 의심은 했으나 제발 오늘은 아니지 않을까 생각했었는데…. 의사의 말을 들으니 이상하게도 의료진으로서의 제 모습이 먼저 드러났습니다. '중환자실로 올라가야 할 정도이며, 당직 신경외과 의사에게도 협진 요청을 해서 그와 관련된 치료를 할 것이니 어머니께 말씀을 드려야 한다, 그리고 다른 보호자가 있다면 빠르게 오도록 설명을 해야 한다. 동시에 당직 의사가 말하는 연명치료에 대해 냉정하게 판단을 할 수밖에 없어지는 겁니다.

 예전부터 수많은 환자들을 보며 우리 부모님은 연명치료를 하지 않았으면 좋겠다는 말을 하며 부모님의 의견을 들었던 적이 있었지만 아버지는 늘 확실한 대답을 주지 않으셨습니다. 그러한 상황 속에 갑작스럽게 결정을 해야만 하는 상황에 놓인 것이죠. 우선은 병실로 가 어머니만 따로 불러 상황을 설명했습니다. 중환자실 입실을 해야만 하는 이유와 아버지의 상태에 대해, 그리고 연명 치료에 대한 것까지요. 어머니는 그 순간 다리에 힘이 풀려 그대로 주저앉아 움직이지 못했고, 정말 잔인했지만 아버지와 어머니를 위해서 천천히, 그리고 끝까지 설명을 마쳤습니다.

"제가 아버지에게 설명을 하고, 병원과 관련된 일을 처리할 테니, 어머니는 우리 짐을 뺄 수 있도록 정리 좀 해 주세요. 중환자실에 입실하면 이 병실을 비워 줘야 해요."

최대한 차분하게, 혹은 냉정하게 어머니께 일을 맡기며 저는 다시 병실로 들어가 아버지에게 상황을 설명하기 위해 아버지의 옆자리에 앉았습니다. 쉽게 말이 떨어지지 않았지만, 당시에는 의식이 있었고 알아들을 수 있고 말을 할 수 있는 아버지였기에 지금이 기회였지요. 지금 말고는 기회가 없다는 걸 알고 있었기에, 저는 최대한 차분하고 아무렇지 않게 아버지께 말씀드렸습니다.

"아버지, 지금 아버지 뇌에 출혈이 발생했대요. 지금은 아무런 증상도 없고 의식도 괜찮지만, 이미 뇌에서는 출혈이 진행되고 있대요. 아버지는 혈소판이 낮아서 지혈이 안 되기 때문에 출혈이 계속될 수 있어서 집중적으로 봐주는 중환자실로 입실한다고 하니 너무 걱정 마시고, 치료 잘 받으세요. 그리고 아버지, 정신 차리세요. 자려고 하지 마세요. 정신 차려야 돼요. 의지가 가장 중요한 거 아시죠. 네? 정신 차리셔야 돼요."

아버지에게 상황을 이야기하기 전, 의사와 어머니와 대화를 하는 그 짧은 사이 아버지는 점차 의식이 사라져 가고 있었습니다. 정확하게는 자꾸 자려고 하셨죠. 눈이 자꾸 감기고, 정신 차리라는 그 말에 눈을 뜨지만 눈이 뒤집힌 채로 뜨게 되고……. 점차 의식이 사라져 가고 통증 반응도 없으면서 운동 능력도 저하되어 가는 아버지를 보면서도 애써 아버지에게 정신을 차리라고, 의지가 중요하다는 말을 반복하며 깨웠습니다. 그사이 중환자실 입실 동의서를 받으러 온 간호사에게 가야 했기에 짐을 정리하는 어머니에게 아버지를 깨우도록 부탁했습니다. 어머니는 이미 아버지의 상태를 바라보며 눈물범벅이었지만 제 말에 따라 아버지를 최대한 깨우며 아버지의 곁을 지켜 주었죠.

그때 도착한 신경외과 당직 의사는 모든 보호자를 불렀지만 아버지 곁을 지키도록 어머니는 남겨 두고 저만 나와서

CT에 대한 설명을 들었습니다. 현재 뇌출혈과 뇌부종이 동시에 보이며 이미 다른 한쪽 반구를 침범한 상태였습니다. 이러한 경우에는 수술적 치료를 고려하지만, 알다시피 혈소판 수치가 많이 좋지 않아 과다 출혈의 위험성으로 인해 지금 신경외과 측에서 할 수 있는 건 단순히 출혈을 잡아 주고, 뇌부종이 있을 때 생기는 합병증이 나타나지 않도록 예방해 주는 주사를 주며 혈압을 조절하는 방법 말고는 없다고 했습니다. 저는 처음 간호사가 되었을 때 신경외과 병동에 있었고 그렇기에 이에 대한 설명을 다 알아들을 수 있었고, 당직 의사가 할 수 있는 거라곤 이 방법밖에 없다는 것 역시도 알고 있었습니다.

설명을 모두 다 듣고 난 뒤 다시 병실로 들어갔더니 또 그 짧은 사이에 아버지의 의식은 점점 더 저하되고 있었죠. 눈도 제대로 못 뜬 채 억지로 잠에서 깨려고 하는 아버지의 모습. 그런 아버지의 곁에 어머니는 옆에서 아버지에게 좋은 말을 해 주며 같이 사진을 찍었고, 계속 손을 붙잡은 채로 곁을 떠나지 않고 있었습니다. 저는 CT 설명을 듣자마자 곧바로 오빠에게 서울에서 내려오도록 권했고 중환자실 입실 전 아버지를 볼 수 없을 거 같다는 생각에 영상통화를 걸어 오빠에게 아버지의 현재 모습을 보여 주었습니다. 점점 의식은 저하되고 있지만 지금 당장 옆에 있는 우리가 누구인지, 본인의 이름은 무엇인지, 그리고 통화를 하고 있는 사람이 누구인지까지 인식이 되는 상태였기에 오빠와 말은 못 했지만 얼굴은 보여 줄 수 있었습니다. 휴대폰 너머에서 부르는 오빠의 부름에 아버지는 단답으로 대답했습니다. 하트 동작을 해 주라는 어머니의 말에 오빠를 향해 하트를 그리는 손짓도 해 주었습니다. 영상 통화를 하는 오빠는 애써 담담한 척했지만 평소와 많이 달라 보이는 아버지의 모습에 결국 울음이 터졌고, 금방 가겠다는 말을 남기며 전화 통화를 마무리했습니다.

그 통화 이후 이송 직원이 도착했습니다. 어머니와 함께 중환자실로 곧바로 갔습니다. 가는 내내 어머니는 아버지의 곁을 지키며 계속 좋은 말을 해 주었죠. 그때까지도 아버지의 의식은 많이 저하되었지만 적어도 우리가 누구인지는 알아보았고, 짧은 말을 내뱉는 정도는 가능했었습니다. 마지막은 어머니의 손을 꼭 붙잡고 중환자실로 간 아버지. 그런 아버지를 보내고 난 뒤 허탈한 모습으로 돌아오는 어머니를 저는 그저 아무 말 없이 안아 주었습니다.

아버지를 중환자실에 보낸 뒤 짐을 하나하나씩 정리하는 어머니와 저. 어머니는 아버지를 보낸 뒤 마음이 허했는지 힘이 쭉 빠져 보호자 침대에 누워 일어나질 못했습니다. 정리를 하다 말고 중환자실에 간 터라 엉망이 되어 있는 병실 내를 보며 저는 최대한 빠르게 짐을 챙겼습니다. 생각보다 짐이 많아서 간호사실에 16시까지 오빠가 오는데 그때까지만 병실에 있어도 괜찮겠냐며 양해를 구했습니다. 간호사 선생님은 감사하게도 흔쾌히 그 부탁을 들어주었습니다.

짐을 다 정리하고, 나란히 보호자 침대에 어머니와 함께 누운 채로 멍하게 천장을 바라보았습니다. 이게 정말 맞는 걸까, 정말 정상적인 상황일까, 아버지는 괜찮을까, 잘 지낼 수 있을까 등 여러 가지 생각들을 하며 오빠가 오기만을 기다리고 있었습니다. 딱 그때 도착한 연락. 중환자실에서의 연락이었습니다. 필요한 물품들을 설명하며 첫 입실에는 면회 시간이 아니라도 면회가 가능하다는 말을 전해 주었죠. 어머니께 소식을 전한 뒤 저희는 중환자실로 곧바로 달려갔습니다.

다행스럽게 그리 멀지 않았던 터라 곧바로 중환자실로 도착했고, 간호사 선생님들은 저희를 확인한 뒤 손 소독과 동시에 적절한 보호 장구 착용 후 아버지가 계신 병실로 안내해 주었습니다. 들어가는 순간, 중환자실 입실 전과는 확연히 달라진 아버지의 모습에 순간 울컥하는 마음이 들었습니다. 아까보다 눈은 뜨고 있었지만 눈동자를 스스로 가누질 못해 이리 갔다 저리 갔다 했고 손도 스스로 움직이지 못해 휘적거리고 있었으며, 말도 또렷하지 못해 웅얼웅얼하고 있었습니다.

평소 이런 모습의 환자를 정말 많이 봐 왔던 저도 왜 이렇게 마음이 아프고 울컥하고 슬픈지…. 어머니도 아버지의 모습을 보자마자 눈물을 왈칵 쏟아 내셨습니다. 괜찮냐는 어머니의 말씀에 아버지는 오히려 마음 단단히 먹으라며 어머니의 손을 어렵게 붙잡으며 대답했죠.

"당신이 왜 울어. 마음 단단히 먹어라. 너희 엄마 잘 좀 챙겨라."

아버지는 정신없는 그 와중에도 어머니를 걱정하셨습니다. 분명 그 순간, 자신의 의식이 점점 저하되고 있으면서 자신의 몸을 스스로 가눌 수 없는 지경에 이르렀음에도 아버지는 끝까지 어머니를 걱정했죠. 저를 바라보며 어머니를 잘 챙기라는 당부의 말을 할 정도로 아버지는 어머니만 걱정했습니다. 그 말과 동시에 여전히 눈을 가누지 못하고 손과 다리를 어쩔 줄 몰라 자신도 모르게 휘적거리는 아버지의 모습…. 어머니는 그 모습을 보더니 도저히 아버지를 볼 수가 없다며 손을 꼭 잡고서 얼마 보지 못한 채 첫 면회를 짧게 끝마쳤습니다.

의료진의 시각 vs 딸의 시각

　중환자실에 입실하고 난 뒤, 저희는 매일 면회 시간 때마다 단 하루도 놓치지 않고 면회를 갔습니다. 항상 저녁 시간에 면회를 할 수 있었던 터라 하루를 다 보낸 뒤 마지막 일정으로 아버지를 보러 가는 우리들.

　그날도 마찬가지였습니다. 30분 정도 일찍 도착한 병원. 그리고 면회 시간이 되어서 적절한 보호 장구를 착용한 뒤 아버지를 보러 가는 길. 들어가자마자 곧바로 보이는 아버지의 모습에 저희들은 놀라는 마음을 감출 수가 없었습니다. 분명 중환자실 입실 직전까지는 조금 잠이 오는 정도였지 의식이 어느 정도 있었고 말도 했었으며 저희를 알아볼 수도 있었는데. 그럼에도 며칠 사이, 정확하게는 몇 시간 사이에 이렇게 가만히 누워 있고 아무것도 움직이지 못하고 대답하지 못하는 상태가 되다니.

　아버지의 그 모습을 처음 보는 순간, 저는 여러 가지 만감이 교차했습니다. 상태가 단시간에 좋아지지 않았고 호전될 가능성도 보이지 않는 아버지의 상태. 아버지는 콧줄이라 부르는 L-tube와 소변줄이라 부르는 foley를 삽입하고 있었고, 오른쪽 팔과 다리에는 신체보호대라 불리는 녹색의 보호대를 착용하고 있었으며 동시에 각종 팔에는 주사가 잡힌 채로 주렁주렁 수액들을 매달고 있었습니다. 게다가 가만히 누운 채로 숨만 쉬고 있을 뿐, 말을 할 수 없었던 아버지의 상태. 그 모습을 보며 저는 면회 시간이 단 30분밖에 되지 않았음에도 어떠한 말을 할 수 없었습니다.

아버지를 보러 간 면회 시간에 저는 참 이상하게도 의료진의 입장으로 먼저 보게 되었습니다. 아버지의 상태와 의식을 사정하고, 어제보다 얼마나 안 좋아졌는지, 현재 상태는 어느 정도인지 파악을 하며 아버지를 한 번 더 바라봤죠. 아버지는 말도 하지 못하고 제대로 반응도 하지 못하는 상태로 점차 악화되고 있는 걸 발견했습니다. 아, 그때 느꼈던 감정은 무어라 표현할 길이 없을 정도로 최악이고 힘겨웠습니다. 의료진의 입장에서는 가망이 없어 보였지만, 딸의 입장에서는 이런 아버지의 상태를 이해하고 싶지 않았고 인정하고 싶지 않았으니까요.

그럼에도 저는 의료진의 입장과 딸의 입장을 적절하게 섞어서 아버지에게 말을 했습니다. 적어도 지금 이 모든 상황을 느낄 수 있을 정도의 작은 의식은 있었으니 괴로움을 분명 느낄 것이라 생각했으니까요.

"아버지, 지금 너무 괴롭지요. 힘들지요. 너무 괴롭고 힘들면 놓아도 괜찮아요. 편안하게 놓으세요. 편안하게 눈 감으세요. 걱정하지 말고 놓으세요."

딸의 입장이든 의료진의 입장이든 지금 아버지의 상태는 너무나도 괴로워 보였고, 저는 그 괴로움을 아버지께서 오래 겪지 않았으면 했습니다. 줄이란 줄은 다 달고 계시는 아버지의 귓가에 조용히, 그리고 힘겹게 속삭였죠. 놓고 싶으면 놓아도 좋다고. 걱정은 말고 편안하게 눈 감으셔도 된다고. 그렇게 그날의 면회는 마무리가 되었습니다.

그렇게 다음 날, 면회를 가게 되었습니다. 하루에 직계가족 2인만 들어갈 수 있는 탓에 그날은 제가 아닌 오빠가 들어가게 되었죠. 그리고 밖에서 아버지의 상태를 보고 올 오빠와 어머니를 기다렸습니다. 30년 같았던 30분이 지난 뒤 모든 면회 인원이 나왔고, 어머니와 오빠도 천천히 발걸음을 옮기며 중환자실을 나왔습니다. 그리고 마주하게 된 그때 들은 아버지의 상태에 대해서는 너무나도 충격적일 수밖에 없었습니다.

"아버지가 대답을 하더라. 우리 말 알아듣고 오른손을 꼭 붙잡고 안 놓아주려고 했어. 비록 제대로 된 대답이 아닌 '아, 아'거리는 말뿐이었지만 우리가 하는 말이 끝나고 이어지는 거 보면 알아듣고 대답을 해 주려 했던 거 같아."

어제까지만 해도 아무런 의식 없이 누워 있기만 하고 반응이 크게 없었던 아버지. 그런 아버지가 겪고 있는 고통과 통증이 괴로울 것이라 생각되어 그대로 놓아도 좋다는 말을 몇 번이고 반복했던 저. 그러나 다음 날, 아버지는 살려고 발버둥 치며 말을 하고, 움직이며 힘을 주었다고 합니다. 이 얘기를 듣는 순간 저는 참 많은 감정들이 스쳐 지나갔습니다. 아버지는 이렇게 살기 위해 아등바등 버티고 어떻게든 이겨 내려고 하는데 그런 아버지에게 저는 그저 놓아도 된다, 편안하게 눈 감아라, 이런 말을 했다니……. 가슴이 아프고, 다리에 힘이 풀리면서 그 어떠한 말도 할 수가 없었습니다.

그 당시의 저는 생각했죠. 아버지께서 의지가 강하시니 버티실 때까지 버티시겠다. 이 싸움이 장기전이 될 수도 있겠다. 그래서 저는 주변 사람들에게 연락을 취했죠. 이 힘든 싸움을 아버지는 과감히 장기전으로 이어 가겠다며 우리에게 의지를 보여 주셨고, 우리는 그걸 받아들이기로 했다는 것을. 비록 의료진의 입장에서 봤었을 때는 와상 환자로 장기 입원이 이어져 힘들어질 것이라는 걸 분명히 알았지만, 아버지의 강력한 의지를 꺾을 힘이 없었습니다. 꺾고 싶지도 않았습니다. 아버지는 저렇게 고통받고 힘들어하면서도 이겨 내려고 하는데, 그걸 꺾는다는 건 정말 말도 안 되는 생각이라고 여겼으니까요.

너무 괴로우면 놓아도 괜찮다는 저의 말을 들은 다음 날, 아버지는 자신의 의지를 보여 주셨습니다. 이는 의료진의 입장이든 딸의 입장이든, 너무나도 안타깝지만 너무나도 감사한 마음이 들었습니다.

마음의 준비를 하셔야 합니다

 강한 의지를 보였던 아버지의 모습을 보며 하루가 어떻게 갔는지 모를 정도로 시간이 지났던 거 같습니다. 실제로는 하루도 채 지나지 않았음에도 마치 며칠은 지난 것만 같은 기분. 면회 시간 전까지는 할 수 있는 일을 하고 면회 시간이 되면 아버지를 보러 가는 것이 이제는 일상이 되었죠. 고작 며칠이 지나지 않았음에도 말입니다. 가족들은 함께 각자의 일을 하고, 의지가 강했던 아버지를 떠올리며 오늘은 어떤 이야기를 해 줄까, 오늘은 어떤 의지를 우리에게 보여 줄까, 오늘은 어떤 상태의 아버지를 만날 수 있을까, 등 다양한 생각을 하며 면회 시간까지 각자의 할 일을 했습니다.

 그리고 다가온 대망의 면회 시간. 똑같이 시간이 되자마자 보호 장구를 착용하고 직계가족 2인만이 중환자실에 들어서 아버지를 보았습니다. 아버지의 상태로 보아 어제보다 조금 더 의식이 없어 보였습니다. 그리고 어제는 하지 않고 있었던 낯선 기계의 등장. 혹시나 해서 저는 담당 간호사 선생님에게 아버지의 상태에 대해 물었습니다. 그리고 들려오는 대답은 충격적이었죠.

"오늘 혈변을 보셨습니다. 그리고 동시에 가래에도 피가 진하게 많이 나오는 상태예요. 산소도 유지가 되지 않아 high flow라는 고농도 산소를 60/40으로 시작하게 되었어요. 혈소판 수치는 여전히 낮고 지혈은 되지 않아 변에서도 피가 나오고 가래에서도 피가 나오는 상태예요."

간호사 선생님의 담담하지만 걱정스러운 말투로 대답해 주는 말에 마음이 심란해졌습니다. 어제는 그렇게 강력한 의지를 보이며 저희들의 말에 대답하고 눈을 뜨고 살고자 하는 마음을 보여 주었지만 몇 시간 만에 이렇게까지 변하다니. 혈소판 수치가 워낙 낮았고 오르지 않았기에 예상은 했지만 그래도 아버지의 의지가 있어서 조금이나마 작은 기대를 가지고 면회를 온 거였는데……. 그 짧은 시간 사이 아버지의 상태는 너무나도 악화되고 있었습니다. 의료진으로서도 가망이 없을 정도로 말이죠.

제가 당시 면회 시간에 봤었던 아버지의 상태는 고농도 산소를 주입하고 있었고 눈은 뜨지 못했으며, 저희들의 말에도 손을 잡거나 힘을 주는 등 그 어떤 행동도 하지 못했습니다. 그만큼 의식도 저하되었고 운동 능력도 감소하고 있었던 거죠. 게다가 가래에서는 피가 나온 적이 없었는데 새빨간 피가 가래 통을 가득 채우고 있었고, 가래 양 자체도 많은 상태였습니다. 혈변의 양은 많지 않았지만 새빨간 색의 혈변이라고 했었죠. 순식간에 악화된 아버지의 상태를 보며 눈물이 왈칵 쏟아졌습니다. 어제는 그렇게 자신의 의지를 보이던 아버지께서 힘들면 놓아도 된다는 저의 말을 그제야 알아들었던 걸까요. 서서히 저희들의 손을 놓으려는 아버지를 보며 그저 눈물과 슬픔이 한가득 차올랐습니다.

이런 아버지의 모습을 보며 어머니와 오빠는 얼마나 더 가슴이 아플까요…. 하루하루 아버지의 상태를 기록하고 살펴보고 떠올리면서 눈물이 나는 건 막을 수가 없었습니다.

아버지의 상태를 보니 문득 처음 뇌출혈이 발견 되었을 당시 당직 의사들이 했던 말이 떠오릅니다. 당직 내과 의사는 뇌출혈이 발견되자마자 중환자실 입실을 이야기하며 마음의 준비를 하라고 말했고, 동시에 연명치료와 DNR에 대해 들은 것이 있는지, 평소에 생각한 것은 있는지 물었습니다. 그리고 이어 병동에 방문했던 신경외과 당직 의사도 마찬가지였죠. 마음의 준비가 필요하다는 말을 하면서 촬영한 Brain CT에 대해 설명을 하였습니다.

"마음의 준비를 하셔야 합니다."

마음의 준비. 어떤 준비. 급성으로 발발했으니 빠르게 준비를 해서 아버지를 놓아주어라. 저 역시도 그런 말을 많이 들었고, 했었고, 들어 본 적이 있었지만, 이렇게 저의 입장이 되어 버리니 얼마나 당황스러우면서 잔인한 말인지 그제야 깨닫게 된 것입니다.

열심히 살겠다는 강력한 의지를 보였던 아버지의 상태는 한순간에 악화되고, 힘이 들고 견디기 힘든 상태가 되었습니다. 그 순간 떠오르는 말, '마음의 준비를 하셔야 합니다.' 아버지는 너무 괴로워서 놓고 싶다는 말을 할 수 없어 이렇게 우리에게 보여 주는 걸까요? 마음의 준비라는 건 너무 광범위하고 어려워서 도저히 어떻게 해야 할지 모르겠습니다.

의사와의 면담

 2024년 11월 24일에 중환자실에 가게 된 이후로 일반 병실에 회진을 오는 것과는 달리 오후에 면회를 가야 했기 때문에 의사와 면담을 하거나 만난 적이 없었습니다. 아버지의 상태를 의료진으로서 제가 보는 것과는 달리 의사의 치료 계획은 어떨지 궁금해지는 것이죠. 그래서 오늘은 정규 면회 시간에 가게 되면 의사와의 면담을 잡고 궁금한 점에 대해서 물어야 되겠다고 생각했습니다.

 그리고 정규 면회 시간에 도착한 우리들. 밖에서 대기하며 중환자실의 문이 열리기만을 기다리던 딱 그때, 우리들의 눈에 보이는 사람은 바로 주치의였습니다. 예상하지 못한 만남. 그 시간은 이미 정규 시간이 끝난 뒤였기에 당직 의사 외에는 없을 거라 생각했으며, 이렇게 갑작스럽게 마주칠 줄은 몰랐던 겁니다. 어떻게 보면 다행이라는 생각을 하며 주치의와 시선을 마주치니 저희를 안다는 듯 인사를 해 주었습니다.

"환자 상태 한번 보고 다시 오겠습니다."

의사의 그 한마디를 듣고 저희는 여러 가지 생각을 들었습니다. 앞으로의 치료 계획을 생각보다 빠르게 들을 수 있다는 기대감에 부푸는 한편, 의사가 보기에 아버지의 상태는 어떨지, 그리고 하루 사이에 아버지의 상태가 얼마나 바뀌었는지에 대한 걱정이 들었습니다. 면회는 이미 시작되었고, 우리들은 의사의 말에 면회를 하지 않고 얌전히 중환자실 밖에서 대기하고 있었습니다.

잠시 후, 중환자실 안에서 주치의가 나왔고, 곧바로 저희들에게 눈짓하며 대화를 하자는 표정을 지었습니다. 걱정 반, 기대 반으로 우리들은 주치의 앞에 모였고, 그는 모두를 한번 바라보다 이내 말을 시작했습니다.

"경과가 생각보다 괜찮습니다. 오른쪽 뇌출혈임에도 왼손과 왼다리가 움직이네요. 의식도 어느 정도 양호한 편이고. 한쪽 동공이 고정되었지만 의식 자체가 많이 악화되지 않았습니다. 뇌 CT상 출혈도 더 번지지 않고 멈춘 상태입니다.

다만 산소가 잡히지 않고 가래에서 피가 아직까지 나오는 것이 좀⋯."

 들어가기 전에 비해 표정이 훨씬 좋아 보이는 것이 맞았을까요. 주치의는 아버지의 상태에 대해 긍정적으로 이야기했습니다. 뇌출혈로 인해 발생한 모든 증상들이 생각보다 괜찮았고, 경과가 좋았으며 현재는 뇌출혈이 더 번지지 않았다는 것이 의사의 얘기였습니다. 주치의의 이야기를 듣는 순간, 저는 가슴이 벅차올랐습니다. 아버지께서 정말 힘겹지만 열심히 버텨 주고 계시구나! 완벽하게 다 낫는 건 기대하지 못하더라도 양호한 상태로 가고 있으며 점점 호전이 되고 있구나! 그런 생각들이 가득 찼죠. 그런 마음으로 기쁨의 웃음이 절로 지어지는 우리들에게 주치의는 계속해서 말을 이었습니다.

 "혹시 연명치료에 대해서 인공호흡기와 산소는 하지 않는다고 하셨는데, 앞으로 하실 생각은 없으십니까?"

 주치의는 산소가 잘 잡히지 않아 걱정이지만, 산소만 유지된다면 근본적인 항암 치료를 시작하고 싶어 했습니다. 지금 고농도 산소를 사용하고 있기에 산소포화도가 유지 중이며, 만약 그것으로도 유지가 되지 않으면 인공호흡기까지 시도를 해 보아야 하는데 저희 가족들은 그것을 거부한 상태였죠. 그러니 저희가 인공호흡기 사용에 긍정적인 대답을 하고 결정을 한다면 의사로서 환자에게 해 줄 수 있는 근본적인 치료를 제공할 수 있을 것이라는 희망적인 말이었습니다.

하지만 저도 그렇고 저희 가족들도 그렇고, 인공호흡기라 하면 고농도 산소까지는 관을 삽입하는 것이 아니라 괜찮으나 그것으로도 지속이 되지 않으면 인위적인 관을 삽입하고 강제적으로 산소를 주입해서 몸 안에 산소를 공급하는 기계는 절대적으로 하고 싶지 않았습니다. 지금도 괴로운데 관을 더 삽입해서 더 괴롭게 만들고 싶지 않았으니까요. 지금 당장 결정해야 할 문제는 아니었지만 주치의는 내심 인공호흡기까지 진행하고 항암 치료를 하여 뇌출혈을 더 진행되지 않게 하고 싶었던 거 같습니다. 당시 아버지께서 사용하고 있는 고농도 산소요법인 high flow는 80/40으로 거의 최대로 사용하고 있었고, 주치의는 그것이 오래 지속될 것이라 생각하지 않았을 겁니다.

주치의와의 면담을 진행하니 문득 의료진인 저는 궁금한

점이 있었습니다. 그렇다면 앞으로 아버지께서 상태가 더 악화되지 않고 유지가 된다면 일반병실로 나올 수 있는 가능성이 있는지요. 그런 저의 질문에 대해 주치의는 대답했습니다.

"어느 정도 가능성이 있다고 봅니다."

일반병실까지 나올 수 있을 정도라니! 다른 사람들은 이해하지 못했지만 저는 그 말이 엄청난 호전 가능성을 이야기하고 있음을 파악했죠.

그렇게 앞으로의 치료 계획에 대해 중환자실 앞에서 주치의와의 면담을 끝내고, 저희는 남은 시간 동안 아버지를 보기 위해 면회를 했습니다. 주치의가 희망적으로 이야기하기도 했고, 움직이지 않던 왼쪽이 움직인다고 하니 너무나도 기대에 부풀어 아버지를 보러 갔죠.

그러나 희망적인 주치의의 말과는 달리 아버지의 상태는 어제와 다를 바 없었고, 어찌 보면 조금 더 좋지 못한 상황이었습니다. 주치의가 방금 보고 왔던 것과는 달리 왼쪽 팔과 다리는 움직이지 않았고, 그저 뇌의 작용으로 불수의적인 움직임과 떨림만 존재했습니다. 통증 자극을 주었음에도 반응이 전혀 없는 아버지의 왼쪽 손과 다리. 의아한 마음에 저는 담당 간호사 선생님에게 여쭤보았죠. 혹시 중환자실 입실 이후 아버지께서 왼쪽 다리와 손을 움직이는 걸 본 적이 있냐고. 그러자 간호사 선생님의 말은 저희들을 당혹시키기에 충분했습니다.

"왼쪽이요? 아니요. 불수의적인 움직임은 있었으나 직접 움직이는 모습이나 통증 자극에 반응이 있었던 적은 없었습니다."

주치의가 방금 보고 왔다는, 왼쪽이 움직인다는 그 환자는 대체 누구였을까요! 물론 그것만이 아버지의 상태가 호전이라고 이야기할 수 있는 근거는 아니었지만, 움직이지 않던 부분이 움직였다는 말을 듣고 난 뒤였기에 저희들은 실망이 너무 클 수밖에 없었습니다. 아마도 오른쪽이 움직인다는 걸 설명하다 보니 잘못 이야기했지 않을까 추측만 할 뿐입니다. 의사도 사람이었고 당시 주치의는 근무를 하는 시간이 아니었기에 충분히 이해할 수 있었죠. 다만, 악화되고 있다고 생각했던 아버지의 상태에 대해 긍정적이고 좋은 쪽으로 이야기를 하는 것 같아 저희가 너무 큰 기대를 걸었던 것은 사실입니다. 기대가 큰 만큼 실망도 컸던 것이죠.

    그렇게 그날 주치의 면담과 동시에 아버지의 면회를 마무리했습니다. 뇌출혈은 어느 정도 발전되지 않고 있으나 지속적으로 혈소판 수치가 오르지 않으니 지혈제를 있는 대로 다 사용하고 있었고, 뇌의 압력이 높아지면서 생기는 각종 증상들을 예방하기 위해 항전간제나 혈압을 낮추는 등의 주사제를 쓰고 있던 아버지. 현재로써 할 수 있는 모든 치료를 다 하고 있고 의료진들은 최선을 다하고 있었기에 부디 아버지의 증상이 호전되지는 않더라도, 더 악화가 되지 않기를 간절히 바라는 날이었습니다.

갑작스러운 부정맥의 발발

때는 2024년 11월 28일. 의사와의 면담을 한 다음 날이었습니다. 이날도 특별할 것 없이 면회 시간 전 각자 할 일도 하고 아버지 보기 전 든든하게 밥도 챙겨 먹었습니다. 면회 시간이 되면 오빠와 어머니와 함께 일정 시간에 아버지를 보러 갔죠. 똑같이 면회 시간이 되면 보호 장구를 착용하고 이름 부르는 순서대로 중환자실에 입장했습니다.

그러나 이날은 평소와 다른 모습이 있었습니다. 여전히 아버지는 의식이 많이 저하되어 있고 움직임이 많이 없으면서 움찔거리는 불수의적 움직임만이 지속되었습니다. 여전히 가래에서는 피가 나왔고, 온 몸에 주렁주렁 수액을 달고 있었죠. 딱 하나 달랐던 것은, 모니터에 측정되는 아버지의 현재 맥박이었습니다. 참 신기하게도 저는 면회를 가게 되면 딸의 입장보다는 의료진으로서의 입장을 먼저 나타내게 됩니다. 모니터와 주변의 수액들을 보며 어제와 어떤 점이 달라졌는지 파악하는 거죠. 그래서 어떤 변화가 왜 생겼는지 당시의 담당 간호사 선생님께 물어보곤 했습니다.

그날은 수액이나 삽입된 관, 주사들이 달라진 건 없었습니다. 산소는 어제보다 더 증사된 highflow 90/40 정도를 하고 있었으나 그로 인해 산소포화도는 정상이었고, 혈압도 목표 혈압에 아래로 잘 유지되어 있었죠. 딱 하나 달랐던 것. 아버지의 맥박이 90~100회로 유지되었으나 그날은 170~171회를 오가고 있었습니다. 맥박의 정상범위가 100 미만인데 아버지의 맥박이 170대라니요! 혈압도 아니었고 산소도 아닌 정확하게 맥박을 나타내는 수치였습니다. 너무 놀라 담당 간호사 선생님에게 상태에 대해 물었습니다.

"어제 밤부터 맥박이 120회로 오르더니 계속 지속되어 부정맥 주사인 코다론 주사를 34cc/hr로 추가했습니다. 그러고도 잘 잡히지 않은 채로 현재 맥박이 170회로 뛰고 있는데 경과를 봐야 할 것 같습니다."

부정맥이라니요, 코다론 주사라니요! 분명 어제 의사와의 면담에서는 조금 호전 양상이고 긍정적인 상태라 생각했는데 밤 동안 버티질 못하셨는지 심장에 문제가 생겼던 것입니다. 그것도 부정맥이라는 무서운 질병에 말이죠. 이것뿐이라면 차라리 안심했을 겁니다. 작은 변화를 알아차리고 곧바로 부정맥 주사를 사용했고, 약이라는 것은 무릇 바로 효과가 나는 것이 아니라 경과를 봐야 하는 것이 당연하니까요.

"CT는 매일 처방이 있어 촬영을 하려고 했는데 오늘은 찍으러 내려가는 과정에서 산소가 너무 떨어졌고, 위험한 상황이 될 것 같아 촬영하지 못한 상태로 다시 중환자실로 왔습니다. 산소가 계속 잡히지 않는 상태입니다."

그러나 산소포화도가 잡히지 않아 뇌출혈의 경과를 볼 수 있는 Brain CT 촬영 자체를 못 했다니요! 뇌출혈이 어느 정도 멈춘 것 같고 잡히는 것 같아 인공호흡기까지 고려해 보라는 주치의의 말이 아직도 머릿속을 맴돌고 있었는데…. CT 촬영을 하지 않으면 뇌출혈의 진행 상태를 알아볼 수 있는 방법이 없었지만 그렇다고 산소포화도가 떨어지면서까지 촬영을 감행할 수는 없었습니다. 그것은 분명 환자에게 위협이 되는 상황이니까요. 의료진들의 현명한 판단으로 아버지는 산소를 유지할 수 있었으나 안타깝게도 CT촬영은 어렵게 되었습니다.

이어서 몇 번이고 아버지의 상태에 대해 간호사 선생님께 물었더니 전체적으로 부정적이었고 악화소인이라는 것을 알 수 있었습니다. 의식도 점차 흐려지고 악화되어 이전에는 한두 번 말을 걸면 반응이 있었으나 몇 번 크게 얘기해야 반응이 있었고, 가래도 이전보다 더 늘면서 여전히 가래에는 피가 흥건했죠. 그뿐만 아니라 금일 진행했던 피검사 상에서 sodium(나트륨) 수치가 높아 뇌부종이 점차 심해지고 있음을 암시했고, 그에 맞는 주사인 만니톨을 신경외과 쪽에서 추가했다고 했습니다. 주치의와의 면담에서 호전양상이라 얘기 나눈 뒤 불과 하루 만에 일어난 일입니다.

그날 보았던 아버지의 상태도 이전보다 저희들의 목소리에 반응이 많이 없었고 힘겨워하는 소리가 많아졌으며 여전히 모니터에서는 맥박이 170을 표시하고 있었습니다. 통증 반응 역시 오른쪽은 괜찮았지만 많이 약화되었고, 눈도 감은 채로 제대로 뜨질 못했죠. 하지만 면회 시간이 끝날 때까지 아버지의 오른손을 꼭 붙잡으며 많은 이야기를 했습니다. 아버지에게 감사한 마음을 표현하기도 했고, 일상적인 이야기를 하며 버틸 수 있을 때까지 버텨 달라는 당부의 말까지. 전체적으로 악화가 되는 것 같은 아버지의 상태에 눈물을 애써 감추며 면회가 끝났다는 직원의 말에 몇 번이고 아버지를 바라보았습니다.

 어머니도 같은 마음이셨을 겁니다. 오른손을 꼭 붙잡고 아버지를 바라보고 있던 어머니는 면회 시간이 끝났다는 말에 차마 손을 놓질 못했습니다. 면회 시간이 끝났다고 공지하는 직원은 마지막까지 저희들을 향해 면회가 끝났다는 말을 반복했고, 이제는 도저히 안 될 것 같다는 생각에 어머니께 손을 놓아주라고 말했습니다.

 그러자, 아버지의 반응이 평소와 달랐습니다. 면회 시간이 끝났음에도 손을 놓지 못하는 어머니를 보며 계속 있을 수 없다는 생각에 손을 먼저 놓으라고 말씀드렸죠. 그리고 어머니는 어렵사리 아버지의 손을 놓아주었습니다. 그 순간 아버지의 오른손은 어머니의 손을 놓고 싶지 않다는 듯 방황하더니 침상 옆에 있는 침상 난간을 꼭 붙잡는 겁니다. 마치 어머니의 손을 잡는 것처럼 아주 강하고 세게 말이죠.

 그날 면회를 끝내고 돌아서는 발걸음이 왜 이렇게 무거운지 모르겠습니다. 아버지는 사실 저희들의 목소리를 다 듣고 있었고, 손에는 어머니의 손이라는 것을 느낄 정도로 감각이 있었으며, 저희가 온다는 것도, 간다는 것도 모두 알고 있었죠. 하지만 뇌의 손상으로 인해 그것을 표현할 수가 없었고 힘을 낼 수가 없었던 겁니다. 불수의적으로 눈이 감기고, 자꾸만 몸이 원하는 대로 움직이지 않고, 목소리를 낼 수가 없었죠.

아직도 그때 다급하게 어머니의 손을 다시 잡으려는 아버지의 손짓과 행동은 뇌리에 박혀 사라지지 않습니다. 다음날 면회에 와서 손을 잡아주었지만, 그날 아버지의 행동은 절대 잊지 못할 것 같습니다.

장기전이 되리라는 기대

 이날, 어머니께서 꿈을 꾸셨다고 합니다. 예전부터 한옥을 좋아했던 어머니, 그리고 그런 어머니를 잘 알고 있던 아버지는 항상 한옥과 관련된 문화재나 장소가 있으면 항상 함께 다니시고 사진들도 많이 남기셨죠. 그래서 때로는 한옥을 짓고 함께 살고 싶다는 이야기를 많이 나누셨습니다.

 그래서일까요. 그날 어머니의 꿈에서 아버지와 어머니는 한옥으로 이사했다고 합니다. 그리고 한옥에 앉아 어머니께서 아버지께 물었죠. 어때? 하고요. 그러나 아버지는 대답하지 않았고, 그대로 꿈에서 깼다고 합니다.

 그 꿈을 꾼 날 어머니와 오빠와 저는 아버지를 보기 위해 정규 면회를 갔죠. 꿈에서 어떠한 표정도 없었고 어떠한 대답을 하지 않았지만 아버지의 상태 호전에 대해 말해 주었던 꿈이었던 걸까요. 아버지는 항부정맥제를 쓴 지 약 몇 시간만인 새벽, 맥박이 안정되어 코다론이라는 항부정맥 주사제

주입을 멈췄다고 합니다. 그리고 모니터에 나오는 아버지의 맥박은 80~100회 사이. 생각보다 단시간에 정상을 되찾은 아버지를 보며 어머니의 꿈이 계속 떠올랐습니다. 본인의 상태가 안정되었다는 걸 꿈에서 어머니께 미리 말해 주고 싶었던 걸까요. 한옥이라는 예쁜 곳에서 아버지와 어머니는 나란히 앉았고 대답은 하지 않았지만 면회 전에 먼저 어머니에게 인사를 했던 것일지도 모르죠.

다만 매일 하나씩 달라지는 아버지의 상태를 보는 것은 참으로 힘겨운 시간입니다. 중환자실 입실 때만 해도 아버지의 양 손등은 붓지 않고 일반적인 손등이었습니다. 하지만 이날, 아버지의 왼쪽 손등이 호빵맨처럼 퉁퉁 부어 있는 겁니다. 손등뿐만 아니라 왼쪽 팔 전체가 부어 있는 느낌이 들었죠. 간호사 선생님에게 묻자 순환이 잘되지 않고 현재 금식 중이라 들어가는 수액이 많아서 그럴 수 있다고 했습니다. 의료진인 제가 봐도 그렇게 생각했습니다만, 생각보다 보는 것이 힘겨웠습니다. 퉁퉁 부은 채로 점점 부풀어 오르는 것만 같은 아버지의 왼쪽 손등. 오늘 확인했던 아버지의 피검사 상의 sodium(나트륨) 수치도 여전히 떨어지지 않고 높았기에 더더욱 마음이 아팠죠. 매일 상태를 확인하고 더 붓지 않도록 의료진들이 노력하고 있었지만 뇌가 손상된 상태에 수치상으로 좋지 않은 아버지의 왼쪽 손등은 금방 낫기는 힘들어 보였습니다.

왼쪽 손등은 매일 면회를 오며 상태를 확인해야겠다고 다짐하고 있는 사이 어머니께서는 옆에서 아버지에게 일상적인 대화를 나누고 계셨습니다. 아버지께서 차마 정리하지 못하고 남겨 두었던 사무실과 은행 계좌들 등 다양한 현실적인 이야기를 하고 계셨죠. 그러자 놀랍게도 아버지는 눈을 번쩍 떴습니다. 정말로 깜짝 놀랐다는 감정이 그대로 드러나듯 눈을 번쩍 뜬 거죠. 그 모습이 참으로 다행이면서도 귀여웠습니다. 아버지께서 관리하는 계좌의 잔액들과 미처 정리하지 못한 사무실은 온전하게 아버지의 몫이었기 때문이죠. 그 이야기를 하니 눈을 번쩍 뜨는 아버지. 아직도 의식이 많이 처져 있지 않고 여전히 우리들의 말을 알아들을 수 있다는 그 사실에 어느 정도 희망이 생기게 됩니다.

이외에도 다양한 현실적인 이야기, 그리고 일상적인 이야기를 많이 했습니다. 아버지와 가장 친했던 친구의 이야기도 들려주고, 실제로 얼마 남지 않은 면회 시간 끝에 도착한 친구를 양해를 구하고 직접 면회를 할 수 있도록 했죠. 그랬더니 아버지는 많은 감정들을 표현할 수는 없었지만 적어도 악화되는 모습은 보이지 않았습니다.

이날 면회를 본 뒤, 저희 가족들은 문득 그런 생각이 들었습니다. 힘들면 모두 놓아도 된다는 말을 들은 다음 날 어떻게든 버티려고 애를 쓰는 아버지의 모습과 현실적인 이야기를 하면 눈을 번쩍 뜨며 알아들었다고 표현하는 아버지. 비록 중간에 부정맥이 발발하여 걱정이 되는 모습을 보였지만 결국 항부정맥 주사를 투여 후 안정된 것만 같은 아버지의 모습. 이런 모든 것들을 종합해 보니 저희들은 드는 생각이 있었죠.

"어쩌면 이 상태로 장기전이 되지 않을까?"

중환자실 입실한 그 순간, 의식이 점점 흐려지는 그 상황을 보며 단기간 아버지의 상태가 악화될 것만 같았지만 어렵사리 버텨 주고 애써 주는 아버지를 보며 장기전이 될 것 같았습니다. 처음에는 빠르게 끝날 것 같았던 아버지와 병의 싸움이 이제는 점점 장기전을 향해 달려갈 것만 같았던 날.

기적이 생겨 빠른 호전과 함께 아버지께서 말도 하고 스스로 걷는 예전 모습을 되찾지는 못하더라도, 적어도 의식이 어느 정도 있는 상태로 일반 병실로 나올 수 있지 않을까? 하는 희망과 함께 장기전에 대한 기대와 걱정이 되었습니다.

양토실실(兩兔悉失)

 옛말에 두 마리 토끼를 잡으려다 둘 다 놓친다는 말이 있습니다. 이를 사자성어로 표현한 것이 바로 '양토실실(兩兔悉失)'이죠. 아버지께서 중환자실에 입실한 후 이 사자성어가 떠오르는 상황이 하나 있었습니다. 그건 바로 중환자실 입실 약 일주일이 지난 그때의 면회 날에 있었던 아버지의 변화였습니다.

 그날도 매우 평범했던 일상적인 날이었습니다. 오후에 있을 아버지의 면회를 위해 아침부터 면회 전까지 평소와 다를 바 없이 각자 할 일을 하고 아버지를 보기 전 든든하게 밥을 챙기는 것도 잊지 않았죠. 주말이었음에도 면회 시간은 동일하여 평소와 똑같이 일상을 지냈습니다. 그리고 면회 시간이 되었고, 똑같이 보호 장구 착용과 동시에 이름 부르는 순서대로 중환자실에 면회를 하러 갔죠.
 중환자실로 들어가 아버지의 상태를 보는 순간, 어제와는 크게 다를 바 없었던 아버지의 상태. 여전히 의식은 많이 저하되어 있고 움직임은 불수의적 움직임 외엔 크게 없었으며, 힘이 있었던 오른쪽 손마저 크게 힘을 주지 못하고 있었던 아버지의 모습. 여전히 왼쪽 손등은 호빵맨 손처럼 빵빵하게 부풀어 있는 것마저도 그대로였습니다.

딱 거기까지, 어제와 다를 바 없었던 아버지의 모습이었죠. 이제는 달라진 모습을 하나씩 관찰해 보았습니다. 그러자 하나둘씩 아버지의 모습에 변화가 느껴졌습니다.

첫 번째 변화. 아버지의 오른쪽 다리에 있던 녹색의 신체보호대가 제거되어 있었습니다. 보통 신체보호대는 중환자실에서 집중 치료를 할 당시 환자 스스로에게 해가 되는 행동을 하거나 관을 제거하는 등 치료에 필요한 것들을 제거할 우려가 있어 미리 동의서를 받고 적용하는 일종의 치료 과정 중 하나입니다. 그걸 알고 있었고, 저는 이미 중환자실 입실 전 동의를 했기에 큰 문제가 없었죠. 그러나 중요한 건 아버지의 다리에 신체보호대가 제거가 되었다는 겁니다. 이것이 좋은 징조냐고 묻는다면 당연히 아니라고 대답할 수 있습니다. 원래는 불수의적인 움직임으로 인해 치료에 방해가 되고 환자에게 해가 될 것이라 예상되어 신체보호대를 적용했지만, 지금은 불수의적인 움직임이 없고 방해가 되지 않기에 필요하지 않아 생각하여 즉시 제거를 했던 것입니다. 즉, 오른쪽 다리에 움직임이 많이 줄었다는 얘기죠. 뇌의 손상이 진행되면서 점차 운동능력을 상실하고 있다는 걸 의미했습니다. 혹시나 하는 마음에 담당 간호사 선생님께도 재차 물었지만 같은 대답이었습니다.

"오른쪽 다리 움직임이 많이 줄어들어서 신체보호대가 필요 없을 거 같아 즉시 제거하였습니다."

움직임이 줄어들어 치료에 방해가 되지 않는다면 적용할 필요가 없기에, 다른 말로 하자면 굳이 적용해 봤자 의미가 없기에 제거를 했다는 겁니다. 하루가 지나면 지날수록 점차 악화 소인을 보이는 아버지의 모습을 보며 장기전으로 갈 것 같다는 기대감이 한풀 꺾였습니다.

그리고 이어서 발견한 두 번째 변화. 아버지의 주변에는 수액이 주렁주렁 매달려 있는 것은 똑같았으나 처음 보는 수액이 하나 추가되어 있었습니다. 누가 봐도 구별할 수 있는 노란 비닐에 싸인 커다란 병 하나. 대개 항암제를 차광을 목적으로 노란 비닐에 싸서 투여하곤 했기에 혹시나 하는 마음에 담당 간호사 선생님에게 물었죠. 저것이 항암제가 맞느냐, 맞다면 언제부터 시작했느냐. 그러자 간호사 선생님은 아버지의 차트를 확인했고 곧바로 대답해 주었습니다.

"시타라빈이라고 하는 항암제 맞습니다. 금일 14시부터 항암제를 시작했습니다. 이틀 쓰는 항암제이며, 저 병 하나가 24시간이 들어갈 거예요. 아직 내일자 항암 처방이 없는 상태인 걸 보니 의사 선생님이 확인하고 처방 낼 것 같습니다."

항암제가 맞고, 그날 14시부터 시작되었다는 간호사 선생님의 말. 저는 여기서 한 가지 의문이 들었습니다. 아버지의 의식은 점차 흐려져 가고 신체보호대를 제거할 정도로 운동 능력도 상실해 가는데 항암제를 달다니요? 오늘 면회 오기 전, 아버지의 피 검사 수치상 이전에 비해 백혈구 수치가 많이 올랐다는 것은 확인했습니다. 주치의가 보기엔 그것은 암세포가 혈액을 돌고 있다는 매우 좋지 않은 상태라 추측한 것이겠죠. 저도 복잡한 마음으로 면회를 온 것이긴 했으나 이렇게 갑자기 항암제 투여를 시작할지는 몰랐습니다.

그래서 간호사 선생님에게 주치의와의 면담을 신청했죠. 아버지를 위해 최선의 노력을 다하려는 주치의가 너무나도 감사했지만 의문이 들기도 했고 앞으로의 치료 계획에 대해 조금 더 자세하게 듣고 싶었기 때문입니다. 간호사 선생님은 흔쾌히 인계를 넘기겠다고 말씀해 주셨고, 그날이 주말이었기에 다음 주 평일에 면담을 잡고 연락을 주겠다는 대답도 해주었습니다. 분명 주치의도 아버지의 상태를 보고 할 수 있는 건 다 하려는 노력을 해 주었던 것이겠죠. 아버지의 상태가 이렇게 지속된다면 주치의가 봤을 때는 어떤 치료 계획을 가지고 있을지 다시 한번 물어봐야 했습니다.

마지막 세 번째 변화. 의료진으로서 항상 면회를 오게 되면 아버지의 상태를 확인함과 동시에 주변 모니터에 있는 활력 징후를 꼭 확인했는데요. 그날은 이상하게 아버지의 호흡의 그래프가 많이 늘어지고 있었습니다. 호흡을 가리키는 그래프의 폭이 넓어지고 늘어난 상태. 이는 두 가지 의미로 추측할 수 있는데, 아버지의 상태가 안정되면서 호흡이 편안해져서 그래프가 변화했거나, 아니라면 뇌의 손상은 계속 진행되고 출혈이 번지면서 호흡을 관여하는 뇌의 부분을 건드려 서서히 호흡수가 떨어지거나 둘 중 하나였죠. 지금 당장 30

분의 짧은 면회 시간 안에 아버지의 호흡이 두 가지 경우 중 무엇인지 파악할 수는 없었지만 적어도 유의 깊게 봐야 하는 상태라는 것은 확신했습니다.

세 가지 변화를 발견한 저는 산소가 떨어져 찍지 못하는 CT에 대해서도 물었습니다. 항암제를 시작할 정도로 아버지의 상태가 어쩌면 조금 더 나은 걸까? 하는 궁금증이 생겼으니까요. 그렇다면 산소가 떨어져 CT를 찍지 못한 것도 일시적인 증상이지 않을까 싶은 기대감도 함께 들었습니다. 하지만 들려오는 대답은 절망적이었죠.

"CT는 오늘도 찍지 못했습니다. 그리고 다음 주 평일에도 CT 처방은 현재 없는 상태예요."

주말이었고, 산소가 한 번 떨어졌기에 환자의 상태에 대해 걱정하는 마음이었던 것 같습니다. 산소가 불안정한 아버지를 위해 적극적으로 CT촬영에 임하지 않은 거죠. 다음 주 평일에 처방이 없는 것 역시 아버지 상태를 확인 후 촬영을 할 수 있는 컨디션인지 확인하고 내려는 것이라 추측했죠. 아버지의 상태를 꼼꼼하게 확인하고 너무 큰 위험수를 두지 않으려고 하는 의료진들이 고마웠으면서도 한편으로는 빨리 CT 촬영을 하여 뇌출혈이 얼마나 진행되었는지, 정말 그 이상의 악화 소인은 없는지 확인하고 싶은 양가감정이 들었습니다.

양토실실(兩兎悉失).
두 마리 토끼를 잡으려다 둘 다 놓친다.
아버지의 상태가 호전이 되는 거 같았기에 항암제를 시작했던 걸까요, 아니면 그것이 기본적인 프로토콜이라 의식 변화와는 상관없이 항암제를 사용했던 걸까요?

항암제의 시작과 동시에 아버지의 세 가지 변화가 발견된 건지, 아니면 세 가지 변화가 이미 발견되었고 항암제를 이후에 시작했는지 알 수는 없었지만 적어도 양토실실이 되지 않기를 바랐습니다.

♥

아버님이 위독하십니다

 아버지는 평일이 아닌 주말에 뇌출혈이 발생하여 중환자실에 입실하셨습니다. 하필 평일이 아닌 주말이라는 생각만 들었죠. 주말에는 주치의가 없어 정확한 판단과 처방을 내기가 당연하게 어렵고, 당직은 비단 주치의의 환자만 보는 것이 아니라 전 병원, 전 병동 환자를 모두 보기 때문에 우선순위가 어떻게 될지 몰라 빠른 처치가 어려운 상황이기 때문입니다. 주말을 차마 버티지 못하고 중환자실에 가 버렸던 거죠.

 그리고 또 다른 일은 주말에 일어납니다. 항암제를 사용한 것은 주말, 그래서 주치의 면담도 주말에 어려워 평일에 약속을 잡고 연락 준다는 말도 불과 몇 시간 전에 들었습니다만, 다음 날 아침 11시 40분경. 갑작스럽게 병원에서 제게로 전화가 걸려 왔습니다.

"현재 아버님께서 호흡이 10회 미만으로 늘어지고 혈압을 낮춰 주는 주사를 주고 있음에도 150대로 계속 높아지고 있습니다. 뇌출혈이 있으면서 호흡을 관여하는 부분이 안 좋아져서 호흡이 늘어지고 있는 것 같아요. 산소포화도는 현재 95% 이상으로 잘 나오고 있으나 수치와 호흡이 늘어지고 있는 것은 크게 상관없습니다. 혹시 이전에 인공호흡기를 사용하지 않겠다고 하셨는데, 여전히 같은 생각이신지 여쭙고 싶습니다."

아버지가 위독하다는 말을 하며 왜 위독한지에 대해 차분하게 설명을 해 주는 전화였죠. 동시에 산소포화도는 괜찮으나 호흡이 늘어지고 있으니 인공호흡기 사용에 여전히 거부하느냐 재차 확인하였습니다. 호흡은 인공호흡기를 사용하게 되면 금방 좋아진다는 것을 알기 때문이었죠. 당시에 저는 어머니와 함께 있었기에 한 번 더 의견을 물었으나 여전히 생각은 같았습니다. 인공호흡기는 사용하고 싶지 않다고 말이죠. 그 의견을 전달했고, 혹여나 하는 마음에 멀리 있는 보호자가 당장 와야 할 상황이냐 물었습니다.

"지금 당장 멀리 있는 보호자가 올 필요는 없으나 만약 응급상활일 경우 한 번 더 연락드리겠습니다."

호흡이 늘어지고 감소하고 있는 양상이지만 지금 당장 응급상황이 벌어질 만한 상황은 아니라고 대답했죠. 저희는 그렇게 연락을 끊고, 제발 다시 한번 더 연락이 오지 않기만을 간절히 바라며 이 소식을 오빠에게 전달했습니다. 만약 응급상황이 오늘 중에 생긴다면 오빠는 이곳에 오기 위해 많은 시간이 걸릴 테니까요. 오빠는 우선은 알겠다고 대답을 했고, 어머니와 저는 최대한 아무렇지 않은 척 일상생활을 하면서도 휴대폰을 꼭 붙잡고 있었습니다.

그렇게 몇 시간 뒤인 14시 10분경. 불안하고 좋지 않은 예감은 왜 이리도 잘 맞는 것인지. 똑같은 번호로 연락이 도착하자마자 다급하게 받았고.

"혹시 지금 바로 오실 수 있으세요? 아버님께서 무호흡이 지속되며 상태가 좋지 않습니다. 아버님이 위독하십니다. 오늘 당직 의사 선생님이 항암제를 사용하고 있음에도 백혈구 수치가 계속 올라 악화될 것이라 얘기하셨고, 의식은 deep stupor까지 진행되어 회생 불가능 상태라고 합니다."

불길한 예감은 언제나 정확하게 들어맞는다는 말을 떠올리며 그제야 어머니와 저는 다급하게 물건을 챙기고 택시를 불러 병원으로 향했습니다. 동시에 오빠가 최대한 빠르게 올 수 있도록 연락했고, 그 외에 아버지의 형제였던 모든 친가 쪽 친척들에게도 연락을 했습니다. 오실 수 있으면 바로 병원으로 와 달라고 말이죠.

모든 연락을 끝낸 뒤 택시를 타고 가는 내내 마음이 좋였습니다. 호흡이 늘어졌기에 아버지의 상태는 호전이 될 수 없음을 알았지만, 이렇게 몇 시간 이내에 갑작스럽게 되리라고는 크게 생각하지 못했으니까요. 최대한 차분하게 주변에 연락을 취하고 함께 병원으로 향하는 어머니의 손을 꼭 잡고 감정을 다독여 주었지만 심장이 뛰고 손이 떨리고 불안한 감정이 겉으로 드러나는 건 어쩔 수가 없었습니다.

오뚝이, 휴식을 위해 하늘의 별이 되다

 전화를 받고 병원에 도착하는 그 순간, 중환자실에서 곧바로 문을 열어 주었고 저희는 아버지를 바로 볼 수 있었습니다. 아버지는 불과 몇 시간 전보다도 확실히 악화되어 있었고, 의식도 운동능력도 더 저하되었습니다. 모니터에서 비춰지는 아버지의 활력 징후는 호흡이 매우 저하되어 있었죠. 무호흡이라는 Apena가 표시되었다가 다시 3~4회를 가리켰다가, 다시 무호흡, 그리고 4회. 호흡 외의 맥박, 혈압, 산소포화도는 다 정상 범위 안에 들어 있었지만 호흡만이 악화되고 있었습니다.

 어머니와 제가 아버지를 보러 중환자실에 도착하자 당직 의사가 아버지를 보기 위해 방문했고, 차분히 아버지의 상태에 대해 설명을 해 주었습니다. 혈압을 낮춰 주는 주사를 주고 있음에도 혈압이 떨어지지 않아 약을 투여했고, 다행히 혈압은 낮아졌으나 호흡이 계속 늘어지는 탓에 보호자에게 연락을 취했다고 했습니다. 동시에 항암제를 어제부터 시작했음에도 백혈구 수치는 떨어지지 않고 오히려 더 증가하고 있으며 전체적으로 운동능력과 의식의 저하로 인해 악화 가능성에 대해서 설명을 해 주었죠. 그 설명을 듣는 와중에도 아버지의 호흡은 더욱 늘어지고 무호흡을 오가고 있었습니다.

설명을 다 들은 뒤 아버지에게로 다가갔고, 이전부터 계속 저하되고 있던 오른쪽 손과 다리의 힘. 여전히 손을 잡으려고 했으나 잡히지 않았고, 저희가 손을 꼭 붙잡지 않으면 아버지의 손은 속절없이 흘러내렸습니다. 오늘을 버티지 못할 거 같다는 생각이 단박에 들었죠. 미리 주변 사람들에게 연락을 하길 잘했다는 생각도 동시에 했습니다.

어머니와 함께 아버지의 곁을 지키던 무렵, 작은고모와 작은고모부가 도착했고 아버지의 옆자리를 함께 지켰습니다. 좋은 이야기를 해 주고, 아버지에 대한 감사함을 한 번 더 전했죠. 그와 동시에 모니터와는 별개로 아버지의 호흡이 조금 달라지고 있음을 확인했습니다. 임종 전 호흡이라 불리는 체인스톡 호흡을 하고 계시는 겁니다. 의료진으로서 다양한 죽음을 보고 맞이하면서 임종 전의 증상을 알 수 있었는데 아버지께서 현재 그 증상을 보여 주고 있었습니다.

"아버지께서 마지막 호흡을 하고 계신 것 같습니다. 다들 좋은 말 많이 해 주세요. 청각은 마지막까지 살아 있습니다."

저는 참 신기하게도 그런 상황에서도 의료진의 입장으로 담담하게 어머니와 작은 고모, 그리고 작은 고모부께 임종을 준비할 수 있도록 이야기해 주었습니다. 아버지는 현재 마지막 호흡을 하고 계시고, 그럼에도 청각은 마지막까지 살아 있으니 좋은 이야기를 하도록 말이죠. 왜 그 순간 그리 행동했는지 모르겠지만, 아버지를 위한 것이라 무의식적으로 생각했던 거 같습니다. 아버지는 주변에 사람이 많은 걸 좋아했고 북적북적한 걸 좋아했으며 동시에 좋은 말을 듣는 걸 좋아했으니까요.

저의 말에 어머니와 작은고모, 작은고모부는 아버지를 향한 사랑과 애정과 감사를 표현했습니다. 고마웠다, 감사했다, 그동안 고생 많았다, 이제 너무 고생하지 마라…. 각자가 할 수 있는 최선의 표현을 하며 눈물과 함께 호소했습니다. 저 역시도 한마디, 한마디 어렵게 내뱉으며 아버지의 온

몸을 살펴보고 쓸어도 보고 지금의 아버지를 담기 위해 최선을 다했습니다.

그렇게 아버지께서는 체인스톡 호흡을 반복하고 있었지만 여전히 혈압이 90~100대 선으로 마냥 낮진 않았고, 산소포화도도 90% 이상으로 계속 유지되고 계셨습니다. 맥박 역시 처음보다는 많이 감소했지만 계속 60~70회로 유지하고 계셨죠. 그때 저는 깨달았습니다. 아버지께서 기다리고 있는 누군가가 있는 거라고. 그 사람이 오기를 기다리고 있는 거라고.

그때 저는 오빠를 떠올렸습니다. 아버지께서는 살아생전 자신의 가정을 열심히 가꾸려고 정말 많이 노력하셨고, 온 정성을 다해 온 분이셨습니다. 그러니 아버지의 자식인 오빠의 목소리가 들리지 않자, 오빠를 보기 위해 악착같이 버티고 계셨던 것이죠. 거기까지 생각이 닿자 저는 곧바로 아버지를 향해 오고 있는 오빠에게 영상통화를 걸었습니다. 그리고 현재 아버지의 모습을 보여 주며 휴대폰을 아버지 귀에 최대한 가까이 대며 아버지의 상태를 설명했습니다. 마지막 호흡을 하고 있는 중이니 오빠가 하고 싶은 좋은 말 많이

해 주라고 말이죠. 그 순간 오빠는 흐릿한 화면 속에서 느껴지는 아버지의 상태에 눈물을 흘리며 아버지를 향한 진심을 고백했습니다.

"감사합니다, 아버지. 정말 감사했습니다…. 정말 고생 많으셨습니다. 아버지 정말 감사해요. 진짜 최고의 아버지셨어요……."

병원으로 오는 열차에서, 아버지의 상태를 영상으로나마 지켜보며 눈물과 함께 속에 담긴 진심을 왈칵 쏟아 내는 오빠. 계속해서 아버지의 모습을 보여 주고 감사의 말을 전하도록 했으나 목이 매여 더 이상 말을 잇지 못하자 빠르게 병원으로 오라는 말과 함께 통화를 끝냈습니다. 오빠는 이제 아버지를 위해 달려올 일만 남았던 거죠.

영상 통화를 종료하고 함께 있는 가족들과 함께 아버지에게 좋은 말을 계속해 주기 위해 아버지의 손을 꼭 붙잡고 있던 중 참 신기한 일이 벌어졌습니다. 오빠의 목소리를 들려준 지 얼마 지나지 않아 최대한 버티고 있던 아버지의 활력 징후가 서서히 감소하기 시작했던 겁니다. 90~100대를 유지하던 혈압이 70대로 감소했고, 맥박도 서서히 60회 미만으로 떨어지면서 산소포화도가 처음에는 80대, 그리고 70대, 50대…… 계속 떨어지는 겁니다. 호흡은 점점 더 늘어졌고, 체인스톡 호흡이 가속화되면서 결국 17시 15분. 오빠의 목소리를 들은 뒤 아버지는 하늘의 별이 되셨습니다. 어머니와 저, 그리고 작은고모와 작은고모부가 임종을 지키며 마지막 아버지의 곁을 지켰습니다. 중환자실 입실 불과 열흘이 채 되지 않은 날이었습니다.

저는 글을 쓰면서 가족들을 비유할 때마다 아버지를 항상 오뚝이에 비유하곤 했었습니다. 오뚝이는 열심히 움직이고 또 움직이면서도 결국 다시 우뚝 서기 때문이죠. 그런 오뚝이의 모습이 아버지와 참 많이 닮았다고 생각했기 때문입니다. 단 한 번을 무너지지 않고 넘어지지 않고 우뚝 섰던 오뚝이 아버지. 이제는 그런 오뚝이가 휴식을 위해 하늘의 별이 되었던 겁니다.

아버지의 마지막을, 임종을 함께할 수 있어서 좋았지만 그만큼 더 슬픔이 컸습니다. 감사했고 사랑했던 아버지. 힘겹고 외로운 싸움 끝에 영면에 취하신 오뚝이 아버지. 마지막 눈을 감고 계신 모습은 너무나도 평온해 보여서 다행입니다.

4.
남은 가족들 이야기

베풀기를 좋아하셨던 아버지의 장례식

아버지께서 중환자실에 입실하고 의식이 점차 흐려지고 저하되면서 남은 가족들은 아버지에 대해 정리할 수 있는 부분들은 목록을 작성해 두었습니다. 장기전으로 가길 바라지만 만약 아버지께서 갑작스럽게 돌아가시게 되면 정리해야 할 것들, 그리고 남아 있는 우리들이 어떻게 해야 하는지 등 오빠의 주도하에 많은 것을 준비해 두었죠.

첫 번째는 돌아가신 뒤, 장례식과 관련된 내용이었습니다. 별세 후 가장 먼저 선택을 해야 하는 것 중 하나였죠. 다행스럽게 제가 다니고 있는 병원에 장례식장이 직원 혜택이 있어 망설임 없이 그곳으로 결정했습니다. 특히나 저의 직장을 살아생전 아버지께서 매우 좋아하셨거든요. 물 좋고 공기 좋고 가깝고 깔끔하고. 여러 가지의 이유로 아버지께서 좋아하는 곳에서 장례를 보내는 것이 좋다고 생각했고, 가족들의 의견은 만장일치였습니다.

두 번째는 아버지의 주변 정리였습니다. 이것이 가장 큰 문제였는데요. 아버지는 회사도 다니시고 자영업도 하셨고 개인적으로 전기, 전자와 관련된 물건들을 수집하셨기에 정리할 것이 생각보다 많았습니다. 회사는 회사대로 처리를 해 줄 거지만 자영업과 관련된 것들, 그리고 수집한 물건들 처리가 난감했죠. 주변에 아는 사람들을 통해 무엇을, 어떻게, 어떤 부분부터 정리를 할지 최대한 이야기를 해 두었지만 걱정되는 부분이었습니다.

두 번째 이후로는 크게 생각을 하지 못했으나 이것 외에 정리할 것이 많지 않았고, 나머지는 장례식 이후 천천히 해도 된다는 생각에 우리 가족들은 아버지의 상태에 대해 더욱 신경 쓰기로 했었습니다.

사실 정말 다행이었죠, 장례식에 대해 생각을 미리 했다는 것이. 그러니 별세를 한 뒤 병원에는 망설임 없이 제가 있는 병원에서 장례를 치르겠다고 했고, 필요한 서류와 함께 저희 병원 장례식장으로 향했습니다.

장례식이라고는 한 번도 상주로서 치러 본 적이 없고, 아직

장례식을 많이 가기에는 나이가 많지 않았기에 모든 것이 생소했습니다. 정해야 할 것도 많고 준비해야 할 것도 많고 해야 할 것도 많은 장례식. 상주인 오빠 역시도 경험이 없다 보니 버벅거리기만 했고, 어머니 역시도 크게 치러 본 적이 없기에 당황스러울 수밖에 없었습니다. 다행스럽게도 병원에서 알아서 척척 이유를 정확하게 설명해 주며 결정을 도와주었고, 빠르게 장례식을 준비할 수 있었습니다.

아버지께서 오후에 별세를 하셨기에 그날부터 손님을 받을지, 다음 날부터 받을지를 결정해야 했고 이외에 손님이 얼마나 올지 예상을 하고 음식을 준비해야 했습니다. 하나부터 열까지 상주와 그의 가족들이 결정을 해야만 하는 상황. 예상도 안 되었고 정신도 없었고 솔직히 첫날은 어떻게 지나갔는지도 모르겠습니다.

가장 사람들이 많이 오고 정신이 더 없는 날은 두 번째 날이었습니다. 미리 부고 문자를 보낸 상태라 둘째 날 아침부터 새벽까지 손님으로 끊이지 않았습니다. 장례식장을 두 번째로 평수가 큰 곳을 지정해서 빈소를 정했음에도 자리가 부족하여 친척 분들이 정리를 해 주어야 겨우 손님들을 맞이할 수 있는 상태였죠. 그만큼 많은 손님들이 아버지의 별세를 안타까워해 주고 함께 슬퍼해 주었습니다.

둘째 날을 정신없이 보내면서 우리 가족들은 그런 생각이 들었습니다. 북적북적한 거 좋아하고 사람들 좋아하던 아버지께서, 이렇게 아버지를 위해 모인 사람들을 보면 얼마나 좋아했을까? 하고요. 게다가 오빠는 나누는 거 좋아하고 남들에게 베푸는 걸 좋아하는 아버지를 떠올리며 음식을 준비해 주시는 직원 분들에게 손님들이 원하는 음식들을 아끼지 말고 모두 제공하도록 권했죠. 북적북적하고 사람들의 목소리가 끊이지 않았던 아버지의 장례식장. 새벽까지 인산인해를 이루었던 그날을 생각하며 아버지의 미소를 함께 떠올렸습니다.

마지막 날까지 손님들이 많아 정신이 없었던 아버지의 장례식. 손님을 한 명 한 명을 바라보며 즐겁게 웃음을 터트리는 아버지의 모습이 눈앞에 그려지는 듯 생생합니다.

별세 후, 우리들이 꾼 꿈

 장례식이 모두 끝난 뒤 집으로 돌아온 당일. 장례식 내내 저희 가족들은 잠을 제대로 잔 적이 없었죠. 오빠와 저는 상주이기에 손님맞이에 정신이 없기도 했고 그것 이외에도 준비하고 챙겨야 할 것이 많았으며 잠이 오질 않았었죠. 어머니 역시도 아버지 생각에 잠을 제대로 청하지 못했고 내내 울음바다를 이루었기에 더욱 그랬습니다.

 그렇기에 장례식이 끝나고 화장도 끝내고 납골당에 안치한 뒤 집으로 돌아온 날. 저희 가족들은 그제야 잠을 청했습니다. 모든 긴장이 풀리고, 그제야 잠이 몰려오면서 각자의 침대 위에 뻗어 버린 것이죠. 그렇게 각자 꿈나라로 잠을 자고 다음 날 아침을 함께 먹자는 기약을 했습니다.

 장례식이 끝나고 난 뒤 다음 날인 아버지의 별세 후 4일이 되는 날. 오빠는 잠에서 깨 어머니와 저를 찾았습니다. 그리고는 잠에서 덜 깨 정신이 없는 와중에 우리들을 향해 말했죠.

"꿈에 아버지가 나왔어요."

본인도 놀랐는지 후다닥 거실로 나와 어머니와 저를 찾았던 겁니다. 꿈에 아버지가 나왔기 때문이었죠.

"꿈속에서 아버지께서 저보고 밥은? 하고 물어봤어요. 그 목소리에 놀라서 깼어요."

단순한 꿈도 아니고 오빠를 걱정하는 아버지의 목소리가 들렸던 꿈이라니. 살아생전 아버지는 혼자 타지 생활을 하는 오빠를 늘 걱정하고 염려하고 신경을 썼었던 기억이 납니다. 오빠가 연락이 올 때마다 어떤 연락을 주고받았는지, 요즘 특별한 일은 없는지 등 꼼꼼하게 물어보셨던 아버지가 생각이 났죠. 아니나 다를까 오빠의 안위가 먼저 걱정이 되었는지 오빠의 꿈에 나와 밥은 잘 챙겨 먹는지 걱정을 하셨던 겁니다.

오빠의 꿈 이야기를 들은 어머니와 저는 그야말로 다시 한번 눈물로 바다를 이룰 정도로 눈물이 왈칵 쏟아졌습니다. 평소에 오빠를 걱정하는 그 마음을 매번 들었는데 꿈에 가장 먼저 나올 정도로 아버지는 별세 후에도 오빠를 염려하고 있었던 겁니다. 그 꿈에 대한 이야기를 듣고 나서 남은 저희 세 가족은 서로를 부둥켜안으며 함께 눈물을 공유했습니다.

그렇게 다음 날. 장례식을 마친 뒤 이틀째 되는 날에도 아버지는 꿈에 나오셨습니다. 그것도 저의 꿈에 말이죠. 몇 날 며칠 밤을 새 잠을 제대로 자지 못했던 저는 어제 잠을 잤음에도 불구하고 남아 있는 피로가 있었습니다. 그래서 그날 아침은 게으른 마음으로 늦잠을 자려고 했죠. 제가 일어나면 아버지를 안치했던 납골당에 함께 가자는 약속을 어젯밤에 했던 상황이었습니다. 저는 피곤함에 아침에 잠을 깼음에도 선잠을 추가로 자고 있었고, 말 그대로 5분만 더, 10분만 더, 하며 잠에 빠져들고 있었죠.

딱 그때, 크고 경쾌하게 일어나! 하는 목소리가 들렸습니다. 그와 동시에 저는 눈을 번쩍 뜨고 침대에서 일어났죠. 정말 웅장하고 큰 목소리였습니다. 놀란 나머지 침대에서 일어나자마자 오빠 방으로 향했고, 오빠에게 물었습니다.

"오빠 혹시 내 방에 와서 일어나라고 소리쳤어?"

저의 물음에 고개를 좌우로 내젓던 오빠는 대답했죠.

"아니, 그런 적 없어."

 오빠의 대답을 듣는 순간 저는 확신했습니다. 아버지께서 본인에게 오기로 해 놓고 늦장을 부리고 있는 저를 깨우기 위해 저의 꿈에 방문했다는 것을요. 참 신기하고 독특한 경험이었습니다. 오빠에게 확인을 받고나서 저는 오빠와 어머니에게 말했습니다. 아버지께서 저의 꿈에 다녀가신 것 같다고. 빨리 본인이 있는 곳에 오라고 알람시계 역할을 하셨다고. 그러자 오빠는 생각이 많은 표정으로 말했습니다.

 "아버지가 우리 집에 계속 함께 있다니까."

 가장 먼저 오빠의 꿈에 왔던 아버지, 그리고 그 다음 날 저의 꿈에 왔던 아버지. 생생한 목소리와 실감나는 꿈이 그 증거였습니다. 다른 곳도 아니고 다른 꿈도 아닌, 우리가 항상 생활하던 집에서 아버지가 나왔기 때문에 더욱 현실감이 느껴졌죠. 아버지의 알람 덕분에 그날 바로 일어나 빠르게 준비를 해서 아버지를 보러 갔었습니다. 그곳에서 아버지의 꿈 이야기도 하고, 아버지와 관련된 이야기를 하며 남은 세 가족은 한 번 더 눈물을 흘렸습니다.

오빠와 저에게 아버지와 관련된 꿈에 대한 이야기를 들으니 다음 날에는 이제 어머니께 나오지 않을까 기대를 했습니다. 하지만 안타깝게도 장례식이 끝난 세 번째 날에는 어머니의 꿈에 나오지 않았죠. 상심하는 어머니를 다독거리며 자식 걱정을 먼저 하는 아버지였기에 그랬을 거라 얘기했었습니다. 어머니는 그 위로에 안심이 되는 것 같으면서도 새삼스럽게 자꾸 아버지를 생각하며 본인의 꿈에 나와 주기를 바랐었죠.

그런 걱정과 아쉬움을 가진 채 장례식이 끝난 네 번째 날. 정확하게는 세 번째 날 새벽이었습니다. 어머니는 아버지께서 꿈에 나왔다며 꿈 내용을 얘기해 주었습니다.

"너희 아빠가 평소처럼 거실에 있는 소파에 앉아서 내 손을 잡아 주려고 했어. 그 손을 잡지는 못했지만, 평소 생활할 때처럼 입고 있는 편안한 옷과 좋은 표정으로 내 손을 잡아 주려고 하더라. 내 꿈에도 나왔어."

아버지 꿈에 대해 설명을 하며 수줍은 소녀처럼 웃고 있는 어머니의 모습을 보며 오빠와 저는 생각했습니다. 아버지가 분명하게 어머니의 꿈에 나올 거라 생각했는데 조금 늦었을 뿐, 확실하게 나왔었고 오빠와 저의 꿈에는 단편적으로 목소리만 들려주었지만 어머니의 꿈에서는 손을 잡아 주려고 하는 다정한 모습까지 비춰졌다고요.

어머니의 꿈속에서 아버지는 오히려 표정이 편안하고 좋았다고 했습니다. 그래서인지 오빠와 저도, 어머니도 안심이 되었죠. 앞으로 나아갈 길은 참 멀지만, 아버지는 그 길을 가기 전에 오빠와 저, 그리고 어머니의 꿈에 나와 저희 세 가족을 안심시켜 주려고 하셨던 겁니다. 그 덕분에 남은 저희 세 가족은 장례식 때 깊게 취하지 못한 숙면을 간만에 마음 편안하게 취했습니다.

납골당 방문기

 갑작스러운 별세로 제대로 된 이야기를 나눠 보지 못한 채 하늘의 별이 되신 아버지를 어느 곳이 모실지 남은 세 가족이 고민을 하던 때가 있었습니다. 아버지께서 중환자실을 간 뒤에는 항상 그런 이야기를 나누며 어떻게 할지 고민했지만 장기전이 되리라는 기대감에 깊게 이야기를 나눈 적은 없었죠. 그렇기에 장례식장을 결정하고 고민해야 하는 시기에 아버지를 어느 곳에 모실지를 결정을 해야 하는 상황이 되었습니다. 평소 아버지와 이런 이야기를 나눠 본 적이 없기에 이런 결정은 온전히 남은 가족들의 몫이었죠. 저희는 몇 번이고 이야기를 나누고 고민을 했지만 결국 아버지가 생전 살던 집과 가까운 납골당에 안치하기로 결정했습니다. 버스나 지하철로 언제든 방문할 수 있을 정도로 가까운 곳. 저희 가족들은 너무 만족했습니다.

 장례식이 끝난 뒤 어느 정도 정리할 건 하고 모두 몸을 가

다듬은 다음 저희들은 매일 납골당을 방문했습니다. 아버지는 평소에 사람 좋아하고 북적북적한 걸 좋아했기에 매일 아버지를 보러 방문하여 이런 저런 이야기를 나누며 외롭지 않게 해 주기 위함이었죠. 막상 가게 되면 눈물이 나고 마음이 아파서 하고 싶은 모든 이야기를 잘하지 못하지만, 그래도 납골당에 안치되어 계신 아버지를 보러 가고 싶은 마음이 더 컸죠.

오빠는 휴가 기간이 끝나 다시 서울로 돌아가야만 했기에 마지막으로 아버지를 뵈러 납골당 방문 후, 지방에 남아 있는 어머니와 저는 똑같이 매일 아버지를 방문했습니다. 방문할 때마다 그때의 사진을 남기고 그때의 아버지의 모습을 남기며 세 가족은 함께 아버지를 추억했죠. 좋았던 기억, 나빴던 기억, 때로는 원망도 해 봤다가 때로는 슬픔에 사로잡혀 아무런 말도 하지 못한 채 울기만 했다가. 여러 가지 감정들이 복잡하게 섞인 채로 아버지를 보며 다 토해 냈죠. 그러면서도 아버지를 이렇게 빠르고 가까이서 볼 수 있다는 생각이 좋았습니다.

처음 아버지가 돌아가시고 결정할 것이 쏟아질 때는 왜 진작 아버지와 이런 이야기를 나누지 못했는지, 왜 하지 않았는지 스스로를 많이 다그치고 다그쳤습니다. 조금이라도 아버지가 원하는 부분이 무엇이었는지 알았더라면 이렇게 고민하고 걱정하고 염려할 필요가 없었을 테니까요.

하지만 이렇게 납골당에 안치하고, 언제든 보러 가고 싶을 때 볼 수 있는 거리에 있으니 오히려 마음이 편안하고 좋았습니다. 주변 사람들도 아버지가 생각날 때면 언제든 갈 수 있도록 위치를 공유하고 추모할 수 있는 사이트를 만들어 공유했기 때문이죠. 이는 지방 내에 아주 좋은 위치에 있는 납골당에 아버지를 모셨기 때문이었습니다. 처음에는 걱정되었고 스스로를 원망했지만, 지금은 너무나도 만족스럽고 다행이라 생각합니다.

사람 좋아하고 시끌벅적한 걸 좋아하셨던 아버지. 이 글을 보고 계신 분들도 함께 추모해 주시면 감사하겠습니다.

▶ 아버지 추모 사이트:
https://www.remembersungdong.com/

에필로그

"고생 많았어요."

 아버지께서 하시던 사업이 잘되지 않고, 빚을 청산하기 위해 이리저리 뛰어다녔지만 결국 되지 않자 파산 신청을 해야 할 것 같다는 그 말 한마디를 어렵사리 어머니에게 건넨 뒤, 아무 대답 하지 않던 어머니께서 아버지를 향해 했던 말입니다.

 참 대단한 분들이죠. 아버지도 어떻게든 가정 내까지 파급이 가지 않도록 밖에서 잠도 제대로 못 자며 어떻게든 해결하려고 애를 쓰셨고, 어머니는 그런 아버지를 알기에 결국에는 모든 것을 내려놓아야겠다는 이야기를 하는 아버지를 향해 그 어떠한 말 없이 고생했다는 그 한마디로 모든 것을 마무리하다니. 이러한 이야기를 제게 대입을 했을 때, 저는 절대 그리 못 할 것 같았습니다. 당장 오늘 입에 풀칠도 못 할 정도로 최악의 상황이 왔는데 어떻게 다그치지 않고 화를 내지 않고 고생했다는 말과 함께 가만히 안아 줄 수 있었을까요. 아무리 서로의 사정을 뻔히 알고 서로를 다독여 주고 함께 이겨 내야 하는 부부라지만 저에게는 너무 어려운 것인데 아버지와 어머니는 하셨던 거죠.

이제는 저희가 아버지와 어머니께 말씀드리고 싶습니다.

"고생 많았어요."

그 누구보다 고생을 많이 했고 그 고생을 삼켜 가며 애써 웃으려고 했던 아버지를 알기에, 그리고 그런 아버지를 그 누구보다도 이해하고 사랑하며 아껴 주었던 어머니를 알기에, 저희들은 늦었지만, 직접 닿지 못했지만, 두 사람에게 이 마음을, 그리고 이 책을 전달하고 싶습니다.

감사합니다. 그리고 많이 사랑합니다.
비록 많이 늦었지만 앞으로 더 많이 표현하고 또 표현하겠습니다.

- 2024년 12월의 어느 날 글을 마무리하며.